그리스도인의 탁월성

서창원 지음

초판 1쇄 발행 _ 2012년 2월 15일

지은이   서창원
펴낸이   서창원
펴낸곳   **진리의 깃발**
등록일   1995년 1월 27일
등록번호   제 17-203호
발행처   도서출판 진리의 깃발
                서울 강북구 미아1동 791-2143
전화 · 팩스   02)984-2590 ㅣ 02)945-9986

편집 · 디자인 토라 디자인 (908-5538)

ISBN 978-89-87124-21-6   03230

가격 _ 5,000

「그리스도인의 탁월성」 책에 대한

사람만이 유일하게 자신의 정체성에 대한 고민을 한다. 동물들 중 어느 누가 자신의 실존에 대한 문제제기를 하는가? 창조시의 호랑이는 지금도 호랑일 뿐이다. 물론 사냥기술은 발전이 될 수 있다. 그러나 호랑이가 사냥하는 기술은 오직 본능에 충실한 것뿐이다. 그러나 인간은 과거에 사용하던 사냥기술과 지금의 기술은 차원이 틀리다. 그러면서도 인간은 스스로에게 늘 묻는다. 나는 누구인가?

나는 그리스도인이다! 라는 명제를 생각하며 본 강론을 시작하였다. 또 왜 그리스도인이어야 하는가? 또는 왜 그 신분이 가장 탁월한 것이라고 말하는가? 그 신분이 가진 특권이 무엇이며 그 신분의 영광이 무엇인가? 이러저러한 고민들이 본 강의의 주제들이다. 사실 그리스도인이라면 자신의 정체성에 대한 확고한 지식이나 자부심이 있어야 한다. 그러나 세상에 살고 있는 그리스도인들 중 상당수는 자신의 신분을 속이고 산다. 아니 드러내고 싶지 않은 여러 이유들을 댄다. 소위 그리스도인이라는 유명 인사들의 부도덕한 행위들로 인한 세상의 비난 때문이기도 하다. 그리고 자신의 떳떳치 못한 삶 때문이기도 하다. 어찌된 이유이든 자신의 신분을 속이고 사는 것은 잘못이다. 남의 이름으로 사는 것도 위법이다. 그렇게 때문에 자신이 누구인지를 굳이 입으로 말하지 않아도 행동으로 분명히 밝히는 것이 선하고 아름다운 것이다.

고귀한 신분을 얻으려면 두 가지 가능성 밖에 없다. 하나는 혈통으로 물려받는 것이다. 그러나 대다수의 사람들은 귀족 가문의 사람이 되는 것은 그림의 떡이다. 그리고 귀족 집안에 입양되든지 아니면 큰 공적을 세워서 작위를 받으면 가능하다. 그러나 그것도 아무나 할 수 있는 것이 아니다. 그리스도인이 되는 것은 어떠한가? 이는 혈통으로나 육정으로나 사람의 뜻으로 되는 것이 아니다. 오직 하나님께로부터 난 자들만이 그리스도인이다. 누구든지 주 예수 그리스도를 믿으면 하나님의 자녀가 되는 권세를 가진다. 그런데 그 믿음이 믿는 사람에게서 나오는 것이 아니다. 그 믿음도 하나님의 선물이다. 고로 그리스도인이 되었다는 것은 정말 가장 고귀한 신분의 사람이 되는 것이다. 그것도 지존자이신 하나님으로부터 받는 선물이다.

선물은 고마움 때문에 주는 것도 있지만 아무런 공로가 없는데도 주는 자의 호의에 따라 받기도 한다. 인간은 하나님께 선물을 받을 만한 일을 하나도 한적이 없다. 오로지 한 것이 있다면 하나님의 뜻을 거역한 죄뿐이다. 그런데도 그런 죄인들에게 세상에서 가장 존귀한 이름을 가지게 하시려고 엄청난 희생을 치르셨다. 이것을 죄인을 향하여 가지신 하나님의 사랑이라고 한다. 그 대가를 지불하심으로서 죄와 허물로 죽은 인간이 하나님의 자녀가 되는 권세를 가지게 된 것이다. 하나님이 하신 그 놀라운 사랑과 은총의 결과는 거룩하고 흠이 없고 책망할 것이 없는 자로 지존자 하나님 앞에 서는 것이다. 그 분의 영원한 자비하심을 따라 그와 함께 영원히 살게 되는 것이다. 그 때 그리스도인이 누리게 될 영광은 세상의 모든 열왕들의 부귀영화를 다 합해도 따라잡을 수 없는 엄청난 것이다.

이러한 잔치는 신묘막측한 일이 될 것이다. 결코 입이 다 물어지지 않는 영광을 보게 되며 누리게 될 것이다. 그 때의 일을 생각할 때 지금 세상에서 잠시 당하는 고난은 결코 힘겨운 것이 아니다. 앞에 있는 즐거움을 인하여 십자가 지심을 개의치 아니하신 그리스도처럼 오래참으며 달려갈 길을 다 달리고자 사력을 다한다. 주님의 선하심과 인자하심이 정녕 우리를 떠나지 아니하시고 안아주시고 품어주시고 마침내 건져주시는 감동의 손길을 순간마다 경험하게 될 것이다. 이러한 환상을 단지 머리로만이 아니라 가슴으로 안고 사는 복있는 성도들이 되기를 소망한다. 세상의 그 어느 종교가 줄 수 없는 그리스도인의 탁월성을 깊이 생각하라. 그리고 하나님을 아는 지식이 온 땅에 충만해 질 때까지 그리스도의 모든 충만하심으로 충만함을 얻게 되기를 소망한다.

2012년 1월

솔샘골에서

하나님의 한 작은 종 서창원 목사

| 차례 |

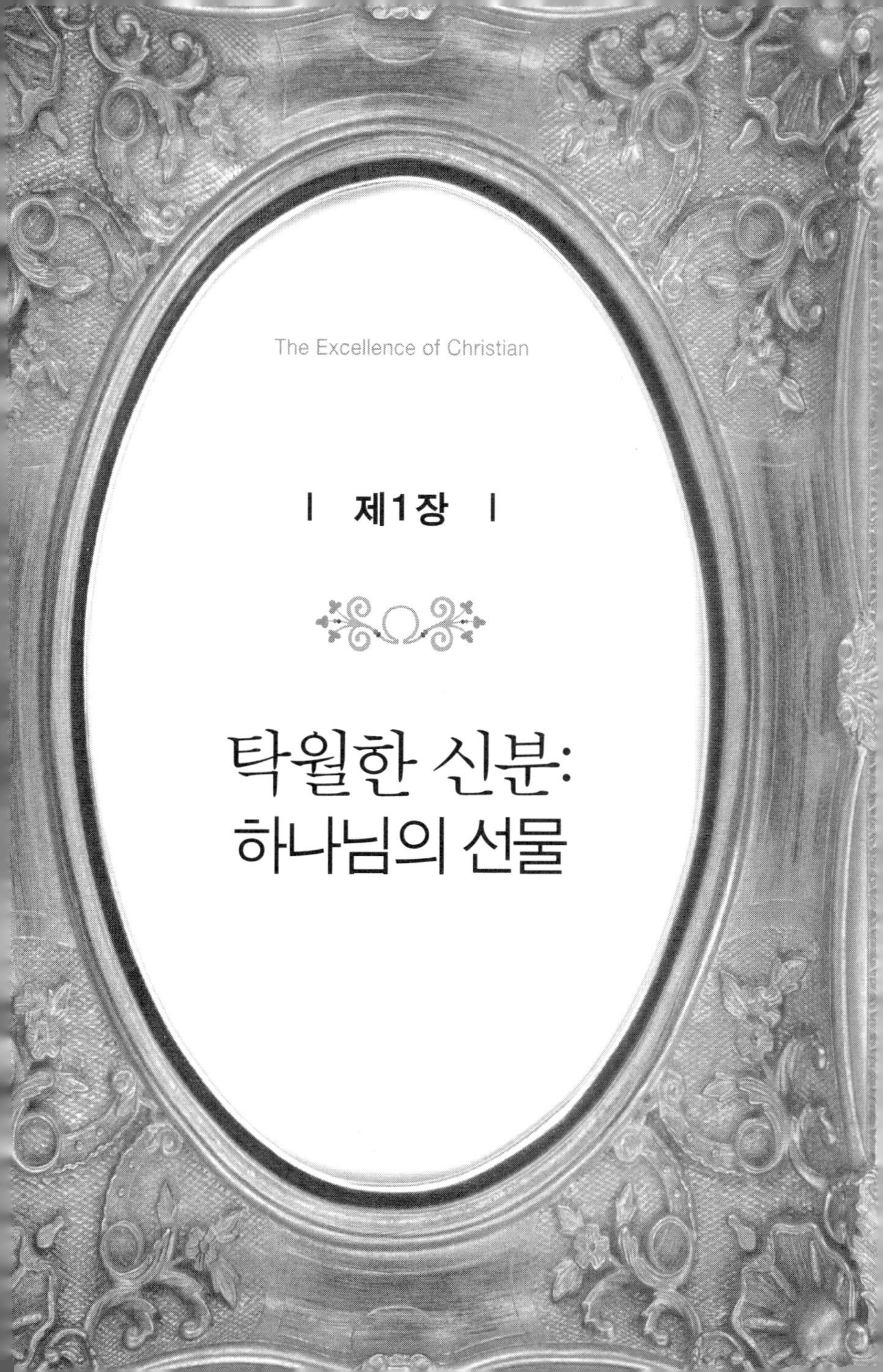

| 제1장 |

탁월한 신분:
하나님의 선물

21 전에 악한 행실로 멀리 떠나 마음으로 원수가 되었던 너희를

22 이제는 그의 육체의 죽음으로 말미암아 화목케 하사 너희를 거룩하고
흠 없고 책망할 것이 없는 자로 그 앞에 세우고자 하셨으니

23 만일 너희가 믿음에 거하고 터 위에 굳게 서서 너희 들은바 복음의
소망에서 흔들리지 아니하면 그리하리라 이 복음은 천하 만민에게
전파된 바요 나 바울은 이 복음의 일군이 되었노라

골 1:21-23

제 1장 - 탁월한 신분 :
하나님의 선물

(골 1:21-23)

사람은 자기의 신분이 무엇인지에 따라서 행동하는 것이 많이 달라집니다. 물론 직업이 의사라고 해서 평상시 생활도 의사처럼 살고 군인이라고 해서 휴가 나와서도 평상 군인처럼 행동하는 것은 아닐 것입니다. 하지만 우리는 신분에 따라서 말과 행동이 다르다는 것을 경험할 수 있습니다. 많은 사람들이 군인은 군인다워야 한다고 말하고 선생은 선생다워야 한다고 말하고 목사는 목사다워야 한다고 하는 게 사실은 신분을 규정하는 것 아니겠습니까? 그 신분이 무엇인지에 따라서 '~답다' 라고 할 때, 그것이 삶으로 드러나야 된다고 말할 수 있는 것입니다.

사람들의 기대치 기준이 다를 수 있지만, 대통령이 대통령답지 못하고 목사가 목사답지 못하고 군인이 군인답지 못하고 또 경찰이 경찰답지 못하고, 법조인이 법조인답지 못하면 그야말로 세상은 뒤죽박죽일 것입니다. 신앙생활에서도 뒤죽박죽으로 신앙생활을 하는 경향들이 참으로 많다 고 생각됩니다. 왜냐하면 성도답지 않은 것 때문입니다. 우리는 그리스도인인지, 성도인지 하는 부분을 앞으로 고민하고 생각하며 그리스도인으로서 우리 자신의 정체성을 되찾는 계기를 가져보고자 합니다.

대한민국에 살면서 외국 국적자로 살아가는 것은 대한민국 사람들이 사는 것과는 많은 제약이 따릅니다. 이 땅에 살면서 외국 시민권자로 사는 것 보다는 한국 사람으로 사는 것이 훨씬 유리한 것입니다. 세상은 이중국적을 허용하지 않습니다. 물론 예외적인 조항은 있습니다. 얼마 전에 10만 번째로 한국인으로 귀향한 부산 외국어대학교의 로이 교수가 있었는데 그는 31년 동안 한국에서 한국여자와 결혼해서 살았지만 여전히 외국인이었습니다. 그리고 이제서야 한국 국적을 취득하게 되었습니다. 그런데 인도 국적을 포기하지 않은 채 한국 국적을 취득했습니다. 그 이유는 국가에서 외국의 우수한 인재들을 끌어들이기 위한 방편으로 일시적으로 외국 사람들에 한해서 자기 나라 국적을 포기하지 않은 채 한국 국적을 취득할 수 있는 길을 열어놨기 때문에 가능했던 것입니다. 그러나 일반적으로 한국 시민권을 얻는 것은 자신의 국적을 포기하지 않으면 불가능한 것입니다.

마찬가지로 우리가 그리스도인이 되는 것은 한쪽을 포기하는 삶을 전제로 하는 것입니다. 그리스도인이 되기 전의 삶을 포기하지 않으면 그리스도인이라고 말할 수 없는 것입니다. 그리고 성도는 이 세상에 살고 있지만 이 세상이 우리의 고향이 아니고 잠시 잠깐 머무는 나그네입니다. 내가 나그네로 사는 시간은 앞으로 살 곳에서 영원히 살기 위한 준비 시간이라고 한다면 이 땅에 있는 것들을 붙들고 거기에 집착해서 사는 것은 모순입니다. 그리스도인은 단지 교회에 다니는 사람이 아닙니다. 그리스도인은 단지 종교적인 예배 행위에 동참한다고 되는 것이 아닙니다. 물론 그러한 것들이 포함은 될 수 있어도, 그렇게 한다고 해서 그리스도인이라고 말할 수 없습니다. 그리스도인은 그보다 훨씬 높은 차원의 의미를 지니고 있기 때문입니다. 야구에서 이 구단에서 뛰다가 다른 구단으로 이적하는 것 그 이상을 의미하는 것입니다. 땅에 속한 사람이 하늘에 속한 사람이 되는 것을 말합니다. 따라서 지금부터 함께 고민하고 생각해 볼 부분들이, 그리스도인은 어떤 사람인지, 그리스도인으로 사는 것이 무엇인지, 그리스도인의 삶의 목적이 어떤 것인지, 우리가 이 땅에서 어떻게 살 것인지에 대해 살펴보고자 합니다.

1. 그리스도인 이란?

우선 그리스도인의 정체성 문제, 그리스도인이 과연 누구인지 먼저 짚어 보고자 합니다. 모두 아는 것이라고 이야기할 것입니다. 그리스도인, Christian이라고 하는 말은 'Christian is the one who belongs to Christ' , 즉 그리스도에게 속한 사람이라고 이야기할 수 있습니다. 대다수가 그리스도인이 아니기 때문에 그리스도에게 속한다는 말은 한 마디로 그리스도인은 신분의 변화를 가지고 있는 사람을 의미하는 것입니다. 즉 그리스도인이라고 말하는 것은, 내 자신의 신분이 변했다는 것을 수용한 사람을 말합니다. 나는 한국인이 아니라고 말하는 사람은 한국인이 아닙니다. 그런데 나는 한국인이라고 말하지만 생김새는 다른 나라 사람 같을 때, 한국인이라고 말하는 것은 그 사람이 그 나라의 관습, 문물, 언어 등을 포기하고 나는 한국인으로 산다는 신분의 변화를 자신이 수용한 것이라고 할 수 있습니다. 그런 신분의 변화를 수용하지 않고 한국인이라고 주장해도 그 사람이 하는 행동을 통해 한국인이라고 말하기는 어렵습니다. 그리스도인이라고 하는 말은 전에는 이런 사람이었는데, 이제는 이런 사람이 되었다는 것을 자신이 수용하고 인정하고 따른다는 것을 전제로 하는 것입니다. 즉, 그리스도인이라는 것은 전에는 그리스도의 밖에 있었지만, 이제는 그리스도에게 속해있는 사람입니다.

본문에서 이야기하고 있는 것처럼 전에는 하나님과 원수였고, 이제는 하나님과 화목하게 되어졌다, 하나님의 자녀가 되었다고 하는 것을 수용하는 것입니다. 절대 다수가 하나님과 원수로 지내고 있습니다. 원수가 아군이 되는 것이 쉬운 일일까요? 어려운 일일까요? 원수가 친구가 되는 것이 쉽습니까? 어려운 일입니까? 굉장히 어려운 일입니다. 어떤 획기적인 무언가가 일어나지 않는 이상, 원수가 친구가 된다, 적이 아군이 된다는 것은 굉장히 어려운 일입니다. 죽여 없애야 하는 존재와 화친한다고 하는 것이 쉽지 않습니다. 정치판에서 쓰는 말처럼 영원한 적도 없고 영원한 친구도 없다는 말과는 전혀 다른 의미의 말인 것입니다. 옹호하던 자가 갑자기 저격수로 돌변했다면 그때의 황당함은 이루 말할 수 없을 것입니다. 이쪽 편에서 보면 완전한 배신자요, 저쪽 편에서 보면 영웅인 것입니다. 대단한 환영 파티를 해 줍니다. 축하해 줍니다. 그것으로 끝나지 않습니다. 상대방이 암살이라도 할까봐 경호원을 붙여서 밀착 경호를 합니다. 물론 이것은 이중간첩 노릇을 하지 못하도록 감시하는 것도 되겠지만 말이지요.

영적인 측면에서 그리스도인이 된다는 말은 한쪽을 배신하고 한쪽의 친구가 되는 것입니다. 다시 말해서 전에는 사단의 종노릇 했던 자였고, 사단을 추종하는 자였지만 사단을 배반하고 그리스도에게 붙는다는 것을 의미합니다. 전에는 그리스도에게 원수였고 하나님 나라 밖에 있던 사람이었지만, 이제는 안에 들어와서 사는 것입니다. 전에는 한솥밥을 먹었던 사람이, 이제는 반대편에 있던 사람들과 함께 지내고, 한때 친구였던 자들과 싸워야 하는 입장이 되는 것입니다.

그리스도를 믿기 전에 모든 사람들은 하나님과 원수였습니다. 사단의 종노릇 하던 자들이었습니다. 사단의 명령에 꼼짝없이 순종하고 살아야 했습니다. 그러나 거기에서 벗어날 수 있는 길은 내가 이적하는 것이고 귀화하는 것인데, 그것이 원수 편에 있는 사람으로서는 불가능한 일이었습니다. 몰래 담을 넘어갈 수 있는 상황이 아니었습니다. 망명신청을 한다고 해서 받아들여지는 것이 아니었습니다. 토굴을 파고 몰래 숨어든다고 해서 가능한 것도 아니었습니다. 그리스도인이 된다고 하는 것은 장소의 이동, 거주의 이동, 직업의 변화를 말하는 것이 아닙니다. 이것은 철저하게 신분의 변화를 말하는 것입니다. 신분증이 달라지는 것입니다. 전에는 원수였는데, 이제는 당당하게 하나님의 친백성이 되는 것입니다. 수없이 많은 돈을 들여서 그리스도인처럼 바꾸는 단순한 성형수술로 되는 부분이 아니라 심령수술이 되어야 가능한 것입니다. 누가 심령수술을 해줄 수 있습니까? 성형수술을 하는 자들은 수 없이 많은데, 누가 심령 수술을 해 줄 수 있겠습니까? 이 놀라운 변화를 어떻게 이룰 수 있겠습니까? 오늘의 본문이 답을 가르쳐 줍니다.

"전에 악한 행실로 멀리 떠나 마음으로 원수가 되었던 너희를 이제는 그의 육체의 죽음으로 말미암아 화목케 하사 너희를 거룩하고 흠 없고 책망할 것이 없는 자로 그 앞에 세우고자 하셨으니" (골 1:21~22)

이 구절에서 분명히 밝혀주기를, 우리가 악한 행실로 인하여 마음으로 원수가 되었기 때문에 심령수술이 필요한 것입니다. 겉으로 원수가 된 것은 겉으로 성형수술을 통해 바꿀 수 있습니다. 그렇지만 마음을 바꾸는 심령수술은 그냥 되지 않습니다. 하나님과 멀리 떠나있는, 하나님의 원수였고, 하나님 나라 밖에 있었고, 하나님의 생명에서 전혀 떠나있던 존재였습니다. 그래서 에베소서에서는 본질상 우리가 하나님의 진노의 자식들이었다고 이야기합니다. 전적으로 타락하고 부패한 심령을 어떻게 바꿉니까?

그러면 인간이 처음부터 하나님의 원수였나요? 아니었습니다. 본래 아담과 하와를 원수로 창조한 것이 아니었습니다. 하나님의 형상을 따라 만들어진 하나님의 최고의 걸작품이었습니다. 하나님과 함께 동산을 거닐면서 교제하는, 지상에서 하나님과 교통할 수 있는 유일한 인격체로 만들어졌습니다. 그런데 인간이 사단의 미혹을 받아서 하나님의 명령을 어겼습니다. 그 죄로 인해서 에덴동산에서 쫓겨나 인간은 죄악 중에서 잉태되고, 죄악 중에서 출생하고, 죄를 물마시듯 마시며 살아가게 된 것입니다. 때가 되면 죄로 인해서 영원한 지옥 형벌을 피할 수 없는 파멸의 존재로 전락되었습니다. 이것이 인생들이 살아가는 경로입니다. 태어나서 눈물을 흘리는 이유가 뭡니까? 왜 애들이 웁니까? 하나님이 아담을 지어놓고, 코에 생기를 불어 넣어서 생령이 되게 하실 때, 아담이 "으앙!" 하고 울었을까요? 아담은 절대로 울지 않았습니다. 하나님이 창조하신 놀라운 솜씨로 인해서 하나님을 감사하며 찬양했습니다. 그런데 인간이 태어나면서 우는 까닭은 고통스러운 세상을 살아갈 것이 끔찍해서 우는 것입니다. 마지막 죽을 때도 웁니다. 그것은 죽기 싫어서 우는 것입니다. 그게 이 세상 사람들이 살아가는 과정입니다. 지금도 그 길을 벗어나지 못하고 죽음을 향해 달려가고 있는 자들이 부지기수입니다. 우리들도 예외 없이 죄와 허물로 죽은 자입니다. 그런 측면에서, 항상 살아계신 하나님께 결코 가까이 갈 수도 없는 역겨운 존재가 인간인 것입니다.

우리 중에 시신을 곁에 두고 사는 사람은 아무도 없습니다. 아무리 존경하고 사랑하고 내 목숨만큼 귀하게 여겼던 존재라고 할지라도, 죽으면 가져다가 묻는 것과 같이, 죽은 자는 산 자와 함께 할 수 없습니다. 죄와 허물로 죽은 인생이 살아있는 하나님과 함께 한다는 것을 불가능한 것입니다. 왜냐하면 하나님이 살아있는 분이고 우리는 죽은 자이기 때문입니다. 죽은 자가 다시 살아나지 않는 한, 산 자와 함께 한다고 하는 것 불가능한 일입니다. 죽은 자가 어찌 살아계신 하나님과 함께 할 수 있습니까? 죄와 허물로 죽은 자가 어찌 산 자와 동류가 될 수 있겠습니까? 불가능한 일일 뿐만 아니라, 하나님과 원수 되었던 자가 하나님과 화친하게 되는 것은 더더욱 불가능한 일입니다. 원수된 사람들은 하나님을 찾지도 않고 찾을 수도 없고 하나님께 나아갈 수도 없는 것입니다. 그래서 21절, 22절에서 볼 수 있듯이, "하나님께서 전에 악한 행실로 멀리 떠나 마음으로 원수가 되었던 우리를 그의 육체의 죽음으로 말미암아 화목케 하셨다"는 것입니다. 즉 원수된 자들이 하나님과 화목케 되며, 죽은 자들이 다시 살아날 수 있는 방법은, 하나님이 하셔야만 한다는 것입니다. 산 자가 뭔가를 해줘야 되는 것입니다. 죽은 자는 아무것도 할 수 없습니다. 원수된 자는 아무것도 할 수 없는 것입니다. 자신이 반역을 해서 원수가 된 것이기 때문에 반역을 당한 쪽이 먼저 손을 내밀어야만 화해가 가능합니다.

여러분은 못된 짓을 한 사람이 먼저 와서 손을 내민다고 화해를 쉽게 합니까? 아니면 여러분이 먼저 손을 내밀어서 화해를 합니까? 자신에게 못된 짓을 한 사람이 먼저 와서 미안하다고 이야기하면 문전박대 하면서 받아주지도 않습니다. 그런데, 어쨌든, 정말 미안한 마음을 가지고 있는 사람에게, 와서 말도 못하고 있는 사람에게, 내가 다가가서 "내가 정말 용서한다. 내가 과거는 다 잊겠다. 너와 친구가 되겠다"고 할 때, 그제야 화해가 성립됩니다. 그러므로 죄와 허물로 죽은 우리 인생들이 하나님과 화해한다는 것은 불가능합니다. 하나님이 뭔가를 하셔야만 가능합니다. 그래서 하나님께서는 독생자를 높은 보좌에서 낮고 천한 인간세상으로 보내셨습니다. 이것이 전부가 아닙니다. 예수님께서는 마치 죄인처럼 십자가에 달려 죽으셔야 했습니다. 그 사실을 본문에서 분명하게 지적하고 있습니다. 인간은 하나님과 멀리 떨어져 있는 원수였고, 그 원수된 자를 위해서 만물의 으뜸이신 예수 그리스도가 이 땅에 오셨습니다. 20절에서처럼, 그의 십자가의 피로 화평을 이루십니다. 22절에서는 이제는 육체의 죽음으로 말미암아 화목케 되었다고 말씀하십니다.

여기서 우리는 '왜 예수님이 이 세상에 오셔서 죽어야 했는가' 라는 의문을 제기할 수밖에 없습니다. 그러나 죽지 않고서는 원수된 인간이 하나님과 화목케 된다고 하는 것이 불가능한 것입니다. 그 이유는 죄의 삯은 사망이기 때문입니다. 죄인들을 그냥 살리실 수 없는 것은 죄인은 반드시 응징을 받아야 하는 것이 하나님의 공의이기 때문입니다. 그래서 하나님이 하신 일은 바로 죄 없으신 하나님의 아들 예수 그리스도를 이 땅에 보내셨고, 뿐만 아니라, 죄인들을 위해서 대신 고난과 죽음을 당하시게 한 것입니다. 우리의 모든 죄짐을 짊어지시고 죄 없으신 그분이 마치 흉악한 죄인처럼 우리 대신 죽으셔야 했던 것입니다. 그래서 그의 십자가의 피로 화평을 이루었다고 말씀합니다. 예수님의 십자가의 죽으심은 죄를 벌하시는 하나님의 공의를 만족시켰습니다. 동시에 죄인을 구원하시고자 하시는 하나님의 사랑을 만족하는 것이기도 했습니다. 화목케 하시고자 하는 하나님의 마음을 충족시킨 일이었습니다.

이러한 그의 죽음에 대해서 구약의 이사야 선지자는 이렇게 예언했습니다. '그가 찔림은 우리의 허물을 인함이요 그가 상함은 우리의 죄악을 인함이라 그가 징계를 받음으로 우리가 평화를 누리고 그가 채찍에 맞음으로 우리가 나음을 입었도다'(이사야 53:5). 여기에서 그가 찔리고 상한 것은 '나의'가 아닌 '우리의' 허물과 죄악 때문이라고 말했습니다. 대표성을 가지고 예수님이 혼자서 하는 일이지만, 그 일들이 '우리를' 위한 것이라고 이야기합니다. 한 사람의 범죄로 인해서 수많은 사람들이 죄와 허물로 죽은 자가 되었습니다. 한 사람의 범죄로 온 땅에 죄가 왕노릇 했습니다. 사망이 왕노릇 했습니다. 그런데 한 사람의 순종으로, '우리가' 하나님의 의로운 자가 된 것입니다. 이것은 하나님과 원수된 자가 마땅히 받아야 될 하나님의 형벌을 죄 없으신 예수 그리스도께서 대신 당하신 것을 의미합니다. 하나님의 공의로우신 심판이 아들 예수에게 쏟아졌다는 것을 의미합니다. 하나님의 아들 예수 그리스도께서 우리를 대신해서 물과 피를 다 쏟으심으로 말미암아, 그

피로, 십자가의 피로 우리를 화평하게 만드셨습니다.

어느 유명한 목사님이 '예수님의 옷자락으로 덮으사 죄를 사하시고…' 라는 구절이 포함된 시를 썼습니다. 이 시만 본다면 예수님의 옷자락으로 우리를 덮어서 우리 죄를 용서하셨다는 것인데, 그렇다면, 예수님이 입으신 수의를 가지고만 있으면 모두 죄 사함을 받을 수 있다는 의미가 됩니다. 그러나 성경에는 예수님의 피로 우리를 덮으사 죄 사함을 받게 하셨다고 말씀합니다. 원수된 죄인을 하나님의 친백성으로 삼으시는 말로 다 할 수 없는 놀라운 사랑, 자비, 은혜, 인자하심이라고 말할 수 있습니다. 이를 가리켜서 신약성경은 "하나님이 세상을 이처럼 사랑하사 독생자를 주셨으니 이는 저를 믿는 자마다 멸망치 않고 영생을 얻게 하려 하심이니라"고 표현하고 있는 것입니다. 하나님께서는 죄와 허물로 죽은 인생들만 득실대는 세상을 사랑하십니다.

기억은 잘 안 나지만, 아프리카에서 일어난 민족 간의 전쟁으로 상대방 종족들을 무참하게 죽여서 시체들이 즐비해 있는 상황에서 특공대가 가서 남아있는 사람들을 구하는 내용의 영화를 본 적이 있습니다. 여러분은 비참하고 피비린내가 진동하는 그곳을 사랑하는 게 인간의 힘으로 가능하다고 생각하십니까? 하나님께서는 죄 없으신 독생자 예수 그리스도를 세상에 보내주신 것을 통해 이 세상에 대한 하나님의 사랑을 보여주셨습니다. 그것도 하나님의 공의하신 심판을 온몸으로 받으시게 했습니다. 그것은 바로 'God loves us' , 하나님이 우리를 사랑하신다는 이유 하나 때문입니다. 저는 이 말씀을 생각할 때마다 황당하다는 생각이 듭니다.

하나님께서 나를 사랑하는 일이 얼마나 황당한 일인지 한번 생각해 보십시오. 우리는 하나님과 원수된 존재이며 우리에게 하나님의 사랑을 받을 만한 뭔가가 있는 것이 아닌데 말입니다. 제가 어떤 사람을 사랑한다고 이야기할 때, 사랑할 수 있는 뭔가가 있기 때문에 사랑하는 것 아니겠습니까? 제가 당신을 좋한다고 이야기할 때, 좋아하는 뭔가가 있기 때문에 하는 것이 아니겠습니까? 그런데 정말 좋아할 것도, 사랑할 것도 하나 없는 사람이라고 한다면, 곁에 가고 싶다거나 보고 싶어하지도 않습니다. 정말 우리가 사랑 받을 만한 뭔가가 있습니까?

사도바울은 로마서 5장에서 중요한 이야기를 하고 있습니다. 하나님께서 우리를 사랑한다 고 이야기할 때, 그 사랑이 언제인지를 한번 살펴봅시다.

　로마서 5장 6절에 이렇게 이야기합니다. "우리가 아직 연약할 때에 기약대로 그리스도께서 경건치 않은 자를 위하여 죽으셨도다." 8절에서는, 우리가 아직 죄인 되었을 때에 그리스도께서 우리를 위하여 죽으심으로 하나님께서 우리에게 대한 자기의 사랑을 확증하셨느니라. 10절에서는, "곧 우리가 원수 되었을 때에 그 아들의 죽으심으로 말미암아 하나님으로 더불어 화목 되었은즉 화목된 자로서는 더욱 그의 살으심을 인하여 구원을 얻을 것이니라."

　여러분, 황당함이 여기에 역력히 드러나지 않습니까? 6절, 8절, 10절에서 우리를 위해서 이 땅에 예수님이 오셨고 십자가에 못박혀 죽으셨을 때, 우리의 신분이 어떠한 것인지를 보십시오. 우리가 "연약했을 때"라고 이야기합니다. 우리가 "아직 죄인 되었을 때"라고 이야기합니다. 우리가 "아직 하나님과 원수가 되었을 때"라고 이야기하지 않습니까? 이 사실이 얼마나 놀랍고도 황당한 말입니까? 여러분이 이런 사랑을 이 세상 어디에서 구경할 수 있겠습니까? 누가 원수된 자를 위해서 자기 목숨을 내 던지겠습니까? 아니, 그런 값어치가 있는 존재라면 몰라도 말입니다. 여기에서 '연약하다' 라는 말은 그냥 단순히 약한 것이 아니라 핏덩어리와 같은 존재를 의미합니다. 아무 힘도 없는 그야말로 무용지물과 다를 바가 없는 그런 존재, 허약해서 자기 스스로 일어설 수도 없는 존재 말입니다. 버림당해도 할 말이 없는 무가치한 존재입니다. 또한 죄인이라고 하는 것은 썩은 냄새를 풍기는 것입니다. 원수라면 쳐다보기는 커녕 생각하고 싶지도 않습니다. 공산당에게 엄청난 아픔을 겪었던 부모님들 세대는 공산당이라고 하면 치가 떨려합니다. 이렇게 정말 피투성이에 불과한 것이고, 아무런 힘도 없고, 냄새 나는 존재였고, 하나님의 원수된 존재로 있을 때, 'God began to love', 하나님이 사랑하기 시작하셨습니다. 여러분, 내가 정말 사랑 받을만한 뭔가가 있어서 하나님이 나를 사랑하셨다고 착각하면 곤란합니다. "나는 너희들과 달라. 나는 그래도 뼈대 있는 가문에서 태어났어."라고 한다면 이것은 웃기는 소리일 뿐입니다. 하나님 앞에는 왕족 출신이든, 귀족 출신이든, 평민 출신이든, 노예 출신이든, 아무 의미가 없습니다. 백인이든, 흑인이든, 황인이든, 아무런 의미가 없습니다. 하나님이 우리를 사랑하신 것은 내가 귀족출신이기 때문에, 내가 다른 사람보다 더 많이 배웠기 때문이 아니라, 나도 하나님 눈에 피투성이에 불과하고, 버려진 존재, 썩은 냄새를 풍기는 죄악덩어리, 더군다나 하나님의 원수이기 때문이었습니다.

　이 사실을 생각할 때, 나는 하나님이 때려죽여도 시원치 않을 놈이고, 발로 짓밟고 뭉개버려도 괜찮다고 여길 것입니다. 그런데 그런 존재였을 때, 하나님이 우리를 사랑하셨고, 그 사랑의 표증으로 독생자 예수 그리스도를 십자가에 못박혀 죽게 하셨습니다. 이 아들 예수를 믿기만 하면 누구든지 멸망치 않고 영생을 얻는 놀라운 신분의 변화를 일으켜 주십니다.　우리에게서 나온 것이 아니라 하나님께서 우리에게 주신 선물인 것입니다. 즉, 원수 되었던 자가 화목케 되었을 뿐만 아니라 이제는 하나님을 아바 아버지라 부르는 자가 되었습니다.　이런 신분의 변화를 얻은 자를 그리스도인이라고 하는 것입니다. 세상의 최고의 세척제를 동원해서 머리끝부터 발끝까지 계속 씻어도 깨끗해질 수 없는 죄인들을 하나님이 사랑하사 그의 피로 깨끗케 하시고, 원수된 자리에서 하나님과 화목케 하셨습니다. 하늘에서 저절로 떨어진 신분증이 아니었습니다. 돈 몇 푼 주면 가짜 한국 여권을 만들어주는 식의 것으로 한국 신분증을 가질 수 있는 것 정도가 아니었습니다. 인간의 몸으로 오신 그리스도의 죽음으로 말미암아 된 것입니다. 예수님께서 겟세마네 동산에서 십자가 사건을 앞에 두고 밤새 기도하실 때, 그의 이마에서 흐르는 땀이 핏방울이 되어 떨어지도록 씨름하면서, 죄인을 구원하시는 하나님 아버지의 뜻에 죽기까지 순종하신 열매로 얻어진 선물인 것입니다. 따라서 여러분이 그리스도인이 된다고 하는 것은 '하나님께서 주신 놀라운 선물을 내가 받게 되었다'라고 하는 것입니다. 다시 말하면 그리스도 예수의 생명의 대가로 받은 놀라운 구원의 선물이 그리스도인이라고 하는 선물입니다. 그래서 피로 값지고 산 자라고 말하는 것입니다. 이것이 바로 성도입니다.

불법 체류자들이 대한민국 주민등록증을 받아들고, 감격의 눈물을 흘리듯이, 미국에서 불법 체류하는 한국 사람들이, 시민권이나 영주권을 받고 눈물을 흘리듯이, 이제는 땅에서 마음껏 활보할 수 있어서 감격하는 사람이 되듯이, 죄에 눌려서 숨죽여 살고 더러운 시궁창에서 살아가고 벌레만도 못하고, 구더기만도 못한 존재라고 표현할 수밖에 없는 죄에 종노릇하던 존재가, 이제는 하나님의 아들 그리스도 예수로 말미암아, 자유를 얻고 하나님 아버지라고 부를 수 있고, 그 하나님과 더불어 교제하는 신분의 놀라운 변화가 있게 된 것입니다. 여러분은 그리스도인이 된 기쁨의 감격을 얼마나 누려왔습니까? 여러분은 아군입니까? 적군입니까? 여러분은 그리스도가 나의 구주라고 믿는다고 말함으로 말미암아, 전에는 이 세상에 속한 사람이었지만, 이제는 신분의 변화를 받은 하나님께 속한 사람이라고 하는 사실을 시인하십니까? 그렇다고 한다면, 이 신분을 숨겨야 될 이유는 없습니다.

물론 요즘에 저는 정말 어디 나가서 목사라고 말하기조차도 부끄러운 시대에 살고 있습니다. 어디 나가서 그리스도인이라고 말할 때가 참으로 창피할 때가 있습니다. 하지만 정말 예수 그리스도가 나의 구주라고 하는 사실, 그 사실 때문에 내가 이제는 원수 되었던 자리에서 하나님과 화목케 되고, 내가 전에는 사단의 종노릇 했지만, 이제는 하나님을 아버지라고 부르고 있다고, 내가 전에는 그리스도의 나라 밖에 있지만 이제는 그리스도 나라 안에 들어와 있는 하나님의 백성이라고 하는 사실에 얼마나 감격하며, 감사해 하며, 이 사실을 알지 못하는 사람에게 자랑하고 계십니까?

우리는 신분의 변화를 두고두고 생각해야 됩니다. 신분의 변화 때문에 얻게 되는 복이 엄청나기 때문입니다. 대한민국 주민등록증을 가지고 있다고 하는 것 때문에 얻게 되는 복과는 비교할 수 없을 정도로 하나님 나라의 시민권을 가진 자가 되었다는 것 자체는 이 세상의 어떤 것하고 바꿀 수 없는 놀라운 일입니다. 여러분, 이 신분의 변화가 우리에게 구체적으로 어떤 영향을 미치고 있습니까?

2. 그리스도인의 지위

22절에서 놀라운 사실 세 가지를 이야기하고 있습니다. "이제는 그의 육체의 죽음으로 말미암아 화목케 하사 너희를 거룩하고 흠 없고 책망할 것이 없는 자로 그 앞에 세우고자 하셨다."

예수님이 십자가의 피로 우리를 화목케 하신 이유는 우리를 하나님 앞에 세우고자 하심입니다. 하나님 나라의 백성이 아닌 사람은 하나님 앞에 설 수가 없는 것은 당연한 사실입니다. 적군이었고, 냄새 푹푹 풍기는 존재이자 원수였는데, 그런 사람이 하나님 앞에 어떤 상태로 서게 되는지에 대한 세 가지 변화를 살펴보면 다음과 같습니다. 첫 번째는 '거룩하다', 두 번째는 '흠이 없다', 세 번째는 '책망 할 것이 없다' 는 것입니다. 죄와 허물로 죽은 자요, 부정한 자요, 냄새로 찌들어서 세상의 어떤 세척제를 써도 냄새를 없앨 수 없는 그런 존재가 거룩한 자가 되었습니다. 예를 들어 여러분이 청와대에 부름을 받아서 대통령 앞에 선다고 해

봅시다. 집 근처 사우나에 가서 목욕만 하고 가도 될 것입니다. 그러나 그리스도께서 우리를 하나님 앞에 세우고자 하신 것은 다른 것으로 씻음을 받을 수 없고, 예수 그리스도의 피로만 씻음을 받을 수 있다고 하는 것입니다.

우리가 그리스도 때문에 하늘나라 왕실에 가게 되었을 때, '내가 더럽게 살아왔으니까, 어차피 내 몸에서 냄새가 나더라도 하나님께서 이해해주시지 않을까' 하고 생각할 수 있습니다. 그러나 그것은 우리의 생각일 뿐입니다. 예를 들어서 평생 노숙자 생활을 했는데, 갑자기 신분이 달라져서 깨끗한 옷을 차려입었다고 했을 때, 그 사람 근처에 가면 냄새가 나는 법입니다. 아무리 깨끗이 씻어도 몸에 배어있고 찌들었던 냄새가 납니다. 그러니까 우리도 하나님 앞에 평생 원수로 살아왔고 죄로 물들어 죄와 허물로 죽은 자의 모습으로 썩은 송장 냄새가 나는 채로 서는 게 당연하고 그것을 하나님께서 이해해주실 거라고 생각하면 안 됩니다. 여기에서 우리는 하나님은 단 하나의 흠도 용납할 수 없다는 사실을 기억해야 합니다. 만약 하나의 흠 정도는 봐줄 만 하다라고 생각한다면, 독생자 예수님이 십자가에 못 박혀 죽으실 이유가 없습니다. 하나님은 점도 티도 없는 완벽히 깨끗하고 완벽하게 거룩한 분이십니다. 그 하나님 앞에 설 수 있는 자는 하나님처럼 완벽하지 않으면 불가능한 것입니다. 그 일 때문에 예수님이 죽으셨습니다. 예수님을 믿어야 될 이유가 바로 여기에 있는 것입니다. 그 일이 아니고서는 누구도 하나님 앞에 완전한 자로 설 수가 없습니다.

게다가 성경은 '화평함과 거룩함을 좇으라 이것들이 없이는 아무도 주를 볼 수 없느니라' (히 12:14)고 말합니다. 그러니 '하나님이 거룩하니 너희도 거룩하라' (벧전 1:16)고 요구하는 것입니다. 바울은 데살로니가 교회에 편지하면서 우리에게 이렇게 강조했습니다. '하나님이 우리를 부르심은 부정케 하심이 아니요 거룩케 하심이니 그러므로 저버리는 자는 사람을 저버림이 아니요 너희에게 그의 성령을 주신 하나님을 저버림이니라' (살전 4:7~8절)고 말씀하십니다. 다른 말로, 성도가 거룩을 포기하면, 하나님을 포기하는 것과 같다는 것입니다. 여러분, 단순히 교회를 등진다고 하는 것이 아닙니다. 단지 목사와 다른 성도와 등지고 산다는 것을 의미하는 것이 아닙니다. 우리에게 성령을 주시는 하나님을 저버리는 것입니다.

그렇기 때문에, 그리스도인의 탁월성은 그리스도의 핏값으로 인한 신분의 변화를 초래한 것을 의미합니다. 여러분이 피땀 흘리고 죽기 일보 직전까지 가서 그렇게 사력을 다해서 뭔가를 하나

얻었다고 한다면 그것은 가치가 있어서 그렇게 한 것이기 때문에 누군가가 그것을 함부로 여기면 화를 낼 것입니다.

여러분은 그리스도인이라고 하는 신분증을 함부로 취급하고 계십니까? 만약 이명박 대통령이 여러분에게 어떤 것을 선물로 하나 줬다고 한다면 대대로 가보로 보관을 할 것입니다. 그리고 그것 때문에 여러분의 신분이 크게 달라졌다고 한다면, 발로 차버릴 사람이 누가 있겠습니까? 사람이 우리에게 주는 것도 희생의 대가로 수고한 것을 나에게 주었다고 할 때, 그것을 귀하게 여기고 가치 있게 여기는데 오늘날 그리스도인들이 그리스도인이 되었다고 하는 신분 자체를 헐값에 팔아먹는 사람들이 너무 많은 것을 보게 됩니다. 주께서 피를 흘려주셔서 우리에게 그리스도인이라고 도장을 찍어줬는데, 이 신분증을 헐값에 팔아먹고, 사단에게 팔아먹고, 안 믿는 사람들에게 쉽게 내다 던지고 맙니다.

이 신분의 변화가 가져온 우리들의 본질적인 상태가 하나님의 거룩하심처럼 거룩한 자가 되었다는 것입니다. 다른 말로 이야기하면, 성도들에게 거룩함이 없다면 한 지역 교회 교인은 될 수는 있지만, 하나님 앞에 설 수 있는 하나님 나라 왕실 백성은 아니라고 하는 것입니다. 이 거룩의 은총을 상실해버린 것 때문에, 우리가 사람들에게 좋은 영향력을 미치지 못하는 것이고, 하나님의 교회가 지탄의 대상이 되어 버린 지 오래된 것입니다.

　매력 있는 그리스도인은 거룩한 사람입니다. 이 일을 위해서 주께서는 상상할 수 없는 일을 하셨습니다. 22절을 통해 볼 때, 예수님께서는 이 일을 위해서 하나님이 만드신 온 우주가 하나님과 맞서있는 상태(우주적인 적대감)에 계십니다. 한번 생각해 봅시다. 온 우주가 하나님과 맞선 것은 인간의 타락이 가져온 결과입니다. 20절 말씀을 봅시다. '그의 십자가의 피로 화평을 이루사 만물 곧 땅에 있는 것들이나 하늘에 있는 것들을 그로 말미암아 자기와 화목케 되기를 기뻐하셨다' 는 것은 땅에 있는 것이나 하늘에 있는 것이나 다 하나님과 화목 되지 못한 상태에 있다는 말입니다. 다른 말로 이야기하면 우주적인 적대감이 하나님 앞에 있었다고 하는 것입니다. 이런 상태에서 주님께서 하신 일을 로마서 8장을 통해 살펴봅시다.

　'피조물의 고대 하는 바는 하나님의 아들들의 나타나는 것이니 피조물이 허무한데 굴복하는 것은 자기 뜻이 아니요 오직 굴복케 하시는 이로 말미암음이라 그 바라는 것은 피조물도 썩어짐의 종노릇 한데서 해방되어 하나님의 자녀들의 영광의 자유에 이르는 것이니라 피조물이 다 이제까지 함께 탄식하며 함께 고통하는 것을 우리가 아나니 이뿐 아니라 또한 우리 곧 성령의 처음 익은 열매를 받은 우리까지도 속으로 탄식하여 양자 될 것 곧 우리 몸의 구속을 기다리느니라'(롬 8:19~23).

여러분, 하늘에 있는 것과 땅에 있는 것들이 다 하나님과 원수 관계로 되어 있을 때 예수님의 죽으심으로 말미암아, 인간을 포함해 하나님의 지음을 받은 모든 피조물이 기대하고 바라는 것은 썩어짐의 종노릇 한데서 해방되어 하나님의 자녀들의 영광의 자유에 이르는 것입니다. 만물들도 아담의 타락으로 인해 하나님과 대적하는 상태가 됩니다. 하나님 보시기에 좋았던 만물이, 하나님이 미워하는 멸망의 대상으로 전락해 버렸습니다. 이 피조물도 기대하는 것이 하나님의 아들들이, 예수 그리스도를 믿음으로 말미암아 영광의 자유에 이른 것처럼, 이들도 해방되기를 기다리고 있는 겁니다. 바로 땅 위에 있는 것들과 땅 아래에 있는 것들이 썩어짐의 종노릇 한데서 해방되어 하나님의 자녀들의 영광의 자유에 이르기를 학수고대하는 일이 하나님의 아들, 예수 그리스도의 십자가의 죽으심으로 얻어진 구원의 선물이라고 하는 사실입니다. 구원은 우주적인 적대감을 제거하고 죄인들과 원수들을 주의 종노릇 하는 자들, 하나님의 눈에 넣어도 아프지 않을 자들로 하나님의 왕실 가족이 되게 한 그리스도의 공로로 주어집니다. 따라서 우리는 변화된 신분을 소중히 여겨야 됩니다. 사람들의 천대를 받아도 되는 신분이 아니며 우리 스스로가 하찮게 여겨도 되는 신분이 아니라는 말입니다.

나아가 거룩하고 흠이 없고 책망 할 것이 없는 자로 세워졌다는 말씀에서 말하는 '흠이 없다'는 단어는 하나님께 드리는 흠과 점이 없는 깨끗한 희생 제물을 가리킵니다. 다시 말해서 하나님의 아들 예수 그리스도의 피가 우리를 하나님 앞에 나아갈 수 있는 깨끗한 제물처럼 흠 없는 자녀의 모습으로 하나님 앞에 서게 되었다는 것입니다. 성도들의 영적 신분의 완벽한 상태를 이 세상 어디에서 얻을 수 있겠습니까? 그리스도의 피만이 이 일을 가능케 한 것입니다. 그렇기 때문에, 그리스도의 이름 외에는 인간이 구원을 얻을 만한 다른 이름이 없다는 것입니다. 종교 다원주의가 아무리 판을 친다고 해도 성경이 우리에게 선언하는 것은 예수 그리스도의 이름 외에는 인간이 하나님 앞에 설 수 있는 방법이 없다는 것입니다.

더구나 '책망 받을 것이 없다'고 하는 표현은 법적인 용어로 사용되었습니다. 하나님의 심판을 받을 만한 어떤 악함도 남아있지 않다는 의미입니다. 지금 하나님의 심판 법정에서, 우리들을 바라볼 때 하나님이 'You are innocent - 죄가 없다, 무죄다' 고 하는 것입니다. 죄 가운데 출생했고, 죄 가운데 살아가고, 죄를 밥 먹듯이 먹고 마시는 인생에게 죄가 없다고 하는 것은 어불성설입니다. 그러나 우리는 모두 죄인인데, 죄가 없다고 하는 이유는 하나님의 아들 예수 그리스도의 피로 깨끗이 씻었기 때문에, 우리 죄를 도말해 주셨기 때문입니다. 하나님이 우리를 보실 때 우리의 죄를 보시는 것이 아니라 예수 그리스도의 피를 보시고 예수 그리스도의 의가 우리에게 전가되어짐으로, 그리스도의 의의 옷을 입은 자가 됨으로, 하나님이 우리를 더 이상 죄가 없는 자로, 하나님 앞에 세워 주셨습니다. 이것이 그리스도인이라는 말의 의미인 것입니다. 이런 놀라운 신분증을 오늘 예수 그리스도의 이름으로 소유하고 살아가는 자들이 되십시오.

우리가 가진 그리스도인이라는 신분은 정말 탁월한 것입니다. 어찌 고귀한 성도가 되었다고 자랑하지 않을 수 있습니까? 여러분도 아시는 'Amazing Grace' 라는 찬양에서 'was blind but now I see' 라는 가사가 있습니다. 나 같은 죄인을 살리신 우리 주님의 은혜와 잃었던 생명을 되찾고 광명을 얻었다고 하는 이 고백은, 생명이 다하는 날까지 끊임없이 분출될 수 있게 되는 성도의 변화된 신분에서만 발견되는 것입니다.

이 신분에 걸맞게 살아가는 것이 필요합니다. 사실은, 이 신분증을 가지고 있다고 해서 모든 게 다 해결되는 것이 아닙니다. 23절 말씀을 보면 이 신분증을 빼앗아가는 존재들이 나옵니다. 우리가 어떻게 하면 이 신분증을 훼손하지 아니하고, 이 신분증이 가지고 있는 모든 능력 있는 삶을 살 수 있는 것인지, 우리는 다음 장을 통해서 한 번 더 살펴보겠습니다.

| 제2장 |

탁월한 신분: 어떻게 보존할 것인가?

21 전에 악한 행실로 멀리 떠나 마음으로 원수가 되었던 너희를

22 이제는 그의 육체의 죽음으로 말미암아 화목케 하사 너희를 거룩하고 흠 없고 책망할 것이 없는 자로 그 앞에 세우고자 하셨으니

23 만일 너희가 믿음에 거하고 터 위에 굳게 서서 너희 들은바 복음의 소망에서 흔들리지 아니하면 그리하리라 이 복음은 천하 만민에게 전파된 바요 나 바울은 이 복음의 일군이 되었노라

골 1:21-23

제 2장 - 탁월한 신분, 어떻게 보존할 것인가?

1. 믿음 안에 거하라
2. 터 위에 굳게 서라
3. 복음의 소망에서 흔들리지 말라

제 2장 - 탁월한 신분 :
어떻게 보존할 것인가?
1. 믿음 안에 거하라

앞에서 그리스도인의 탁월성에 대한 말씀을 살펴보면서, '신분의 놀라운 변화가 있는 사람이 그리스도인이다' 고 말씀을 드렸습니다. 하나님과 원수 되었던 자들이 예수 그리스도의 피로 말미암아 하나님의 자녀가 되고, 하나님과 화목한 관계를 가지게 된 것이 얼마나 놀라운 일인지를 생각해보면서 우리 자신의 정체성을 돌아보았습니다. 그냥 단순히 예수 믿는다고 하는 것 자체가 교회 다니는 것으로 끝나는 것이 아니라 그보다 훨씬 깊은 놀라운 변화가 있는 것이 그리스도인이며, 어떤 핍박이나 억압이나 위협이나 강요에 의해서도 꺾일 수 없는 것이 그리스도로 말미암아 예수 그리스도에게 속해있는 하나님의 자녀가 된 신분인 것을 보았습니다. 내가 전에는 보지 못했지만 이제는 내가 광명을 찾아서 본 자가 되었다라고 하는 뉴턴의 고백처럼, 우리도 전에는 원수였고, 어둠의 자식이었고, 본질상 진노의 자식이었고, 죄의 종이었고, 멸망 받을 자였으나 이제는 빛의 자녀가 되었고, 이제는 아들의 생명의 나라로 옮겨짐을 받았다는 사실을 주목해야 합니다. 이제 '사단의 종이 아니라 그리스도의 일꾼이고, 죄의 종이 아니라 의의 일꾼이 되었다' 고 하는 신분의 변화를 생각했습니다. 앞으로 신분의 변화에만 머무르지 말고 이 신분을 어떻게 잘 보존할 수 있는가에 대해서 살펴보고자 합니다.

그리스도인의 신분 보존, 어떻게 할 것인가?

주님께서 이루어 놓으신 것을 내가 취함으로 성령의 은혜로 놀라운 변화를 받아 새사람이 되었는데 이것으로 끝나는 것이 아니라는 것을 23절 말씀에서 보여주고 있습니다. "만일 너희가 믿음에 거하고 터 위에 굳게 서서 너희 들은바 복음의 소망에서 흔들리지 아니하면 그리하리라." 23절에 있는 말씀은 22절에서 '예수님이 이루어 놓으신 놀라운 변혁의 역사를 훼손 할 수 있다'고 한 것을 전제로 하는 말씀으로 보여집니다. 만일 너희가 믿음에 거하라는 말은 그렇지 않은 상태로 떨어질 수 있다는 의미인 것입니다. 다른 말로 이야기하면 하루아침에 자기 수하에 있던 사람들이 빠져나가서 이제 하나님의 자녀가 될 때에 사단은 절대로 가만히 넋 놓고 있지 않다는 사실입니다. 속수무책으로 당하고만 있을 존재가 아니라는 것입니다.

그래서 사도 바울은 고린도 교회에 편지하면서 이야기하기를 사단이 할 수만 있으면 택한 자라도 미혹하여 넘어뜨리려고 광명의 천사로, 의의 일꾼으로 자신을 가장해서 성도들을 유혹한다고 이야기하고 있지 않습니까? 이 사실을 알고 있는 주님은 사도 바울을 통해서 골로새서 1장 23절에서 말하기를 만일 너희가 믿음에 거하고 터 위에 굳게 서고 너희 들은바 복음의 소망에서 흔들리지 아니하면 이 신분이 보존된다고 하는 것입니다. 이제 우리가 신분의 놀라운 변화가 일어났는데, 하나님과 원수의 자리로부터 하나님과 화친한, 하나님의 자녀가 된 신분을 잘 간직하는 일이 필요하다는 것입니다. 왜냐하면 간직하지 못하도록 만드는 유혹자들이 존재하기 때문입니다.

1. 믿음 안에 거하라

이 말은, 만일 믿음에 거할 수 없는 일들이 벌어지게 되는 상황에서 믿음에 거해 있기만 하면 된다는 말입니다. 원문에서 사용하고 있는 이 단어는 내가 일단 예수 믿으면 구원받게 된다는 말로, 옛날에 일어났던 일들이 지금 내게도 벌어진다는 현재 시제로 쓰여있습니다. 따라서 계속해서 믿음 안에 거할 것을 강조합니다. 어제는 믿음 안에 있었으나 오늘은 그렇지 않다는 것이 아닙니다. 오늘도 믿음 안에 있어야 된다는 것을 말합니다. 그러면 여기에서 칼빈주의 5대 교리[1]중 성도의 견인교리-하나님께서 끝까지 자기 백성을 지키시고 보호하신다-에 모순되는 것이 아니냐는 질문을 제기할 수 있습니다. 왜냐하면 '너희가 믿음에 거하고' 라는 말은 우리의 책임을 말하고 있기 때문입니다.

예수를 믿으면, 즉, 구원을 받았으면 그것으로 끝이라고 생각할 수 있는데 우리 스스로 믿음에 거하는 노력이 필요하다는 말입니다. 이것은 견인교리와 결코 모순되지 않습니다. 독생자 예수 그리스도를 통하여 이루어 놓으신 구원의 역사는 누구도 지울 수 없는 일입니다. 반드시 예수 그리스도에게 속한 자들은 마지막 날

---

1) 튤립(TULIP)-칼빈주의 5대 교리. 전적 부패와 타락, 무조건적인 선택, 제한적 속죄. 불가항력적인 은혜, 성도의 견인

까지 하나님이 지키시고 보호하셔서 영광스러운 자리에 이르도록 인도해 주십니다. 다시 말해 성도를 보존하시는 하나님의 뜻은 가변적인 것이 아니라, 불변하는 것입니다.

하나님이 행하시는 일은 검은고양이 네로가 아니다, 이랬다저 랬다 하시는 하나님이 아니라는 말씀입니다. 하나님은 한 번 구원 하셨으면, 끝까지 구원하시는 분이십니다. "요 녀석 하는 것 보니까 구원 취소!'라고 말씀하시지 않는다는 것입니다. 그런데 이 하나님의 섭리 속에는 우리의 노력도 포함됩니다. 로봇처럼, 공장에서 물건 찍어내는 컨베이어 벨트처럼 가만히 있는 게 아니라는 말입니다. 자동적으로 벨트가 돌아가면서 물건이 탁탁 올려지고 그 벨트를 따라 포장해서 상품으로 나오듯이, 우리가 피동적으로 가만히 있기만 하면 하나님이 알아서 막 몰고 가시는 것이 아니라는 것입니다. 성경에서는 너희 구원을 이루라고 말씀하십니다. 하나님의 이 섭리는 우리 인간의 노력도 내포하고 있는 것입니다. 우리는 힘써 구원을 이루어 가야 합니다. 즉, 신분의 변화를 받은 사람들이 이 신분이 훼손되지 아니하도록 하나님 나라 시민권자로 살아가는 일이 필요한 것입니다. 그래서 사도 바울은 오늘 말씀에서 '만일 너희가 믿음에 거하고' 라고 하는 것은 믿음에 거하지 못하게 하는 일들이 벌어진다는 사실을 염두에 두라는 의미에서입니다.

　신앙생활을 하면서 항상 믿음이 충만하지는 않습니다. 때로는 낙심되고 좌절하고, 푹 밑바닥에 쳐졌다가 다시 일어서기도 하는 일들이 생깁니다. 영적으로 침체되어지는 경우, 밑바닥에 처해지는 일이 오래 지속이 되면 될수록 우리에게 진짜 하나님의 백성인가 하는 의심이 들게 됩니다. 그래서 이런 영적 침체가 오래가면 안 되는 것입니다. 이런 의심에 빠질 수 있기 때문에 사도 바울은 고린도 교회에 편지하면서 너희가 믿음 가운데 있는지 너희 자신을 시험해보라고 말합니다. 우리 자신이 정말 믿음 가운데 있는지를 점검을 하는 것이 필요하다고 역설하는 것입니다. 내가 예배당에 나오니까 내가 믿음 가운데 있다고 착각하게 되는 경우가 있습니다. 예배당에 있어도 전혀 은혜를 받지 못하고 맹숭맹숭하게 돌아가는 사람들이 있습니다. 이것은 절대 믿음 가운데 있는 것이 아닙니다. 내가 믿음 가운데 있다고 하는 것은 종교적인 행위에 동참한다는 말이 아닙니다.

　믿음 가운데 있다는 것은 무엇입니까? 여기에서 우리는 믿음이 무엇인지를 먼저 살펴봐야 할 것입니다. 믿음은 어떻게 해서

생겨납니까? 믿음은 하나님이 주시는 선물입니다. 로마서 10:17
에 "믿음은 들음에서 나며, 들음은 곧 그리스도의 말씀으로 말미
암느니라"고 말씀하십니다. 이 말씀과 관련해서 생각해보면, 믿
음 가운데 있다는 것은 끊임없이 하나님의 말씀을 들어야 한다는
말입니다. 은혜가 없다고 말할 때에 하나님의 말씀이 이쪽 귀로
들렸다가 반대쪽 귀로 싹 빠져나가는, 몸으로는 듣고 있는 것 같
은데, 가슴에 정착이 안 되는 것을 의미합니다. 그렇기 때문에 하
나님의 말씀이 우리 가슴에 정착이 되지 않으면 하나님 말씀이 아
닌 과거의 습관에 의해서 살아가는 것이 되고 맙니다.

우리 자신이 믿음 가운데 있다는 말은 하나님의 말씀을 듣는
것입니다. 바울은 데살로니가 교회에 '사람의 말로 듣지 아니하
고 하나님의 말씀으로 듣나니 진실로 그러하다 이 말씀이 너희 믿
는 자 속에서 살아 역사하느니라' 고 편지했습니다. 하나님의 말
씀을 그저 듣고 지나쳐 버리는 것이 아니라 나를 위해서 주신, 오
늘 내 생명을 위해서 주신, 내 믿음을 견고히 세워가기 위해서 주
신 하나님의 말씀으로 받고, 그 말씀에 순종할 때에야 비로소 내
가 믿음 가운데 있다는 것을 의미합니다. 이 말씀이 우리 속에 없
으면 생명이 없는 것과 같은 것이 되는 겁니다. 단순히 수동적인
것이 아니고, 능동적이고, 적극적인 자세로 나아가야 할 인간의

책임을 강조합니다. 그러니까 예배당에 들어와서 앉아 말씀을 듣는 것으로 끝나는 것이 아니라, 그 말씀이 나를 조종해야 하는 것입니다. 그런데 얼마나 많은 그리스도인들이 그리스도인으로 신분의 변화를 일으켰다고 이야기 하면서도 여전히 하나님의 말씀하고는 상관없이 자신의 경험과 고집, 습관 등에 의해서 살아가는지 모릅니다. 하나님의 말씀이 우리의 발걸음을 한 발자국이라도 그리스도를 닮아가도록 그리스도의 말씀에 순종하는 쪽으로 나아가도록 하는 것인지, 아니면 여전히 듣는 것으로 끝나버려서 말씀이 우리의 기도나 예배 태도에, 또는 우리의 삶에 결코 변화가 전혀 일어나지 않는 모습으로 사는 것은 아닌지 생각해야 합니다. 히브리서 4장 2절에서 "믿음으로 너희가 말씀을 들어도 이것이 아무런 유익이 없는 것은 너희가 믿음으로 화합하지 아니하기 때문이다"라고 말씀하듯이 우리가 하나님의 말씀을 들으면서 믿음으로 거기에 마음을 붙여서 이 말씀이 나를 위한 것이라고 생각하고, 이 말씀이 내 자신의 삶을 움직여 가야 함을 명심해야 합니다.

사단은 우리가 이런 믿음 가운데 있지 않는 것을 제일 좋아합니다. "그래, 그냥 종교적인 행위에 잘 참석하고 왔지, 오늘도 예배에 참석하고 왔지?" 하나님은 충분치 않다고 말씀하시지만 사단은 그것으로 충분하다, 그 정도면 되는 거라고 말합니다. 또한 사단은 '이 시간에 예배에도 참석 안하고 그냥 컴퓨터 앞에서 게임이나 하고, 아니면 PC방에 가고, 놀러다니고 하는 그런 사람들에 비해서, 아니면 연속극 앞에서 따뜻한 아랫목에서 편히 쉬고 놀고 있는 그런 사람들에 비해서, 와! 넌 정말 대단한거야. 그래도 저녁예배까지 참석했어. 찬양대까지 앉았으니, 넌 참 대단해' 라고 말할 것입니다. 그러나 하나님은 이것이 충분하지 않다고 하십니다. 왜냐하면 말씀 듣는 것, 예배에 참석하는 것만으로 그리스도의 탁월성을 들어내지 못하기 때문입니다. 진짜 그리스도인의 탁월성은 하나님의 말씀이 나를 지배하는 것입니다.

그리스도인의 탁월성은 생명의 말씀을 항상 먹는 것입니다. 사단은 하나님의 말씀을 읽거나 묵상하는 이런 시간들을 자꾸 빼앗아가고, 분주하게 만들고, 피곤하게 만들고, 설교시간에 졸게 만들고, 딴 생각에 사로잡히게 만들고, 한눈팔게 만듭니다. 이것들이 사실 우리로 하여금 믿음 안에 거하지 못하도록 만듭니다. 하나님의 말씀을 듣고 나서 그것을 가지고 주변 사람들과 얼마나 대화를 나누고 있습니까? 성도들은 사사로운 오락을 즐기거나 개인의 일들에 집착할 것이 아니라, 하나님의 거룩한 일들로 더 깊은 교제를 나누고, 영적인 일들에 더 신경을 쓰고, 경건서적을 읽지만 우리들이 나누는 화제는 사단이 좋아하는 것뿐입니다.

매일 아침에 하나님께서 들려주신 하나님의 말씀이 그 날의 삶을 얼마나 변화시키고 있습니까? 상당수의 교인들이, 한 주간의 우리의 삶에 얼마나 변화를 일으키고 있는가 하는 데에는 별 관심이 없습니다.

그렇다면 그리스도인의 탁월성은 무엇입니까? 수많은 사람들이 하나님의 말씀을 듣는다고 이야기하지만 하나님의 말씀을 잘 섭취하고, 그 말씀이 내 영적 건강을 보장하고 있는 것인지 생각해볼 필요가 있습니다. 사실 세상에서 부자들이나 지위가 높은 사람들이 마시는 물은 우리가 마시는 물과 다를 것입니다. 기름 값보다 더 비싼 물을 수입해다가 마십니다. 1억이 넘는 명품 시계, 좋은 만년필, 비싼 자동차 등 우리와 사용하는 것이 많이 다릅니다. 그렇지만 그들이 사용하는 모든 것들은 헛된 것입니다. 고운 것도 헛되고 아름다운 것도 헛되고, 다 지나가는 것에 불과한 것입니다. 그런데 정말 우리가 먹는 것은 무엇입니까? 다시는 우리 속에서 갈증이 없는 목마르지 않는 영원한 생수, 다시는 우리에게 굶주림이 없는 영원한 생명의 떡, 하늘로부터 내려온 떡을 먹는 것에 대한 감격이 있습니까? 물 한잔 마시면서 "야, 내가 마시는 물은 너희들이 마시는 물과 틀려"라고 말하는 부자들이 사는 것처럼 그런 자부심이 우리에게 있습니까? "에이, 뭐 그 소리가 그 소리네"라고 생각하며 그냥 "뭐, 그렇게 길게 설교할 필요 있습니까? 그냥 간단하게 핵심만 딱 이야기하고 끝내지 뭐." 이런 생각으로 예배의 자리에 앉아 있는 것은 아닌지 반성해야 합니다. 세상에서 떵떵거리고 호령하고, 자기를 칭찬하는 자들이라 할지라도 시편 49편에 있는 시편기자의 고백처럼 지혜 있는 자도 죽고, 우준하고 무지한 자도 다 죽게 되고 영영히 빛을 보지 못하는, 음부로 떨어질 뿐입니다. 그런데 그리스도 안에서 새로운 피조물이 된 성도들은 어떻습니까? 우리도 먹는 음식과 마시는 물이 다르지 않습니까? 세상 사람들이 듣고 있는 헛된 철학과 속임수의 말을 들으며 사는 그런 자들과는 어떻습니까? 우리들의 오감이나 만족시키고, 감성이나 자극하고, 일시적인 흥분의 도가니에 머물게 하는 일들에 도취되어 사는 것과 마찬가지는 아닌지 생각해야 합니다.

아내가 수영장에서 만난 다른 교회 집사는 파티를 하면 폭탄주를 마시고 노래방에 가서 이 세상의 유행가를 부른다고 합니다. 예수를 믿는 사람이나 안 믿는 사람이나 별다를 것이 없습니다.

사람이 떡으로만 사는 것이 아니라고 이야기하지만, 하나님의 입에서 나오는 말씀으로 산다고 자신 있게 말할 수 있는지 돌아보십시오. 성도라고 이야기하면서 성경을 한 번도 읽지 않고, 일주일 내내 덮어뒀다가 주일날 교회 와서 읽는 것이 전부라고 이야기한다면 도대체 내가 어떻게 그리스도인으로 살아간다고 말할 수 있겠습니까? 묵상도 안하고, 말씀을 하찮게 여기고 자기 멋대로 행동하는 것이 성도로서 어떻게 가능합니까? 그럼에도 불구하고 그것이 가능하다고 몸소 증거하며 사는 사람들이 바로 우리들입니다. 착각, 안일함에서 깨어나 새벽을 깨워야 됩니다. 주께서 그런 자들의 영혼이 얼마나 가련한 상태에 놓여있으며, 하나님의 임박한 진노를 피할 길이 없다고 하는 것을 절감해야 합니다. 단순히 예배당에 온 사실로 만족해서는 안 됩니다.

그리스도인의 탁월함은 먹는 것도 다르지만 교제의 대상도 다릅니다. 세상 사람들도 지위가 높거나 돈이 많으면 어울리는 사람들도 자신과 비슷한 자들입니다. 삼성의 이건희 씨가 와서 우리에게 친구하자고 하지는 않을 것입니다. 워런 버핏(Warren Buffett)하고 점심식사 한 번하려면 몇 십 만불을 내야 한다는 보도를 보았습니다. 예술인들은 예술인들끼리, 문학인들은 문학인들끼리, 정치가

들은 정치가들끼리 지식인들은 지식인들끼리 권력자들은 권력자들끼리 어울리게 되어있습니다. 그런데 만약 삼성그룹의 회장 이건희 씨가 우리 교회 성도라고 한다거나 이명박 대통령이 우리 교회 출신이라고 한다면, 그들과 어울릴 수 있습니다. 그런데 하나님께서는 수많은 경제인들, 정치인들, 권력자들, 지식인들을 만들어내기도 하고 없애버리기도 하실 수 있는 분이시며 그런 분과 교제하는 존재가 바로 그리스도인이라는 사실입니다. 사도 요한이 요한 3서에서 "우리의 사귐은 하나님 아버지와 그 아들 예수 그리스도와 함께 하는 사귐이라"고 말했습니다. 우리는 교제의 대상이 완전히 다릅니다. 그래서 사람들에게 사실은 버린바 된 것 같아도 결국 버린바 되지 않은, 사람들에게 멸시 당하는 것 같아도 결코 무시당할 수 없는 데서 그리스도인의 탁월성을 발견할 수 있습니다.

사도 베드로는, 예수님과 엘리야와 모세가 함께 변화산상에 있는 모습을 보고 너무 기뻐서 자기도 모르게, "주여, 여기 있는 것이 좋사오니 하나는 주를 위해서 하나는 모세를 위해서 하나는 엘리야를 위해서 내가 초막을 세 개 짓겠습니다"라고 말합니다. 우리는 어떻습니까? 하나님과 나누는 교제의 기쁨, 우리 주 예수 그리스도와 함께 하는 사귐의 감격이 우리에게 있습니까? 과연 우리는 이 세상의 위대한 정치인들도 부자들도 그 어느 누구도 줄 수 없는 놀라운 신분의 변화를 일으켜 주신 그 주님과 교류하고 있는 감격이 우리에게 있습니까? 하나님과 교제하는 시간을 괴로워하고, 잠만 쿨쿨 자는 성도들, 하루에 단 10분도 하나님과 교제하지 않는다면 그리스도인이라고 말할 수 없을 것입니다. 찬송가 가사처럼, "내 기도하는 그 시간 그 때가 가장 즐겁다." 이 찬송을 부르는 우리들은 실제로 기도하는 그 시간이 가장 즐겁습니까?

많은 성도들이 기도하자고 하면 이 핑계, 저 핑계를 대면서 피하기만 합니다. 기도는 영혼의 호흡이라고 합니다. 호흡을 멈추면 죽습니다. 하나님과 교제하는 것이 우리의 믿음을 더욱 견고하게 하는 지름길인 것을 잊지 마시기 바랍니다. 하나님이 주신 은혜의 수단, 우리가 믿음 안에 거한다고 하는 것은 하나님의 말씀을 듣고, 그 말씀이 우리 가운데 살아 역사하며, 하나님과 더불어 교제한다고 하는 것입니다. 하나님과의 교제를 통해 하나님께로 이끌려 가는 것입니다. 성령께서 우리에게 역사하시는 것 가운데 가장 중요한 것은, 우리를 진리 가운데로 인도하는 것이고, 그 진리가 우리를 진리이신 하나님을 보게 하는 것입니다. 바쁘다고 핑계 대는 여러분들, 지금은 기도해야 될 때임을 명심하시기 바랍니다. 새벽기도를 비롯해 기도의 자리에 생색내며 나오는 것은 교만

한 것입니다. 또한 하나님께 나와서 기도하는데 그것을 똥구덩이
에 빠지는 것보다도 더 싫은 것처럼 여겨서 안 나오는 것도 잘못
입니다.

시편 기자가 고백하기를 '어리석은 자는 그 마음에 하나님이
없다' 고 했는데 하늘나라의 왕국 백성인 우리들이, 우리가 살고
있는 이 세상에서 주변 사람들에게 어떠한 인상을 심어주고 있습
니까? 찬송가 212장 2절 가사에 "너 성결케 하기 위해 네 머리 숙
여 저 은밀히 계신 네 주께 빌라, 주 사귀어 살면 주 닮으리니 너
보는 이 마다 주 생각하리." 주와 사귀어 살면 주를 닮는다고 했는
데 제 자신을 돌아보니 그렇지 않을까 염려가 됩니다. 저를 볼 때,
예수님을 생각해야 되는데, 그렇지 않고 썩은 냄새가 날까 고민입
니다. 기도해야 하는 이유는 바로 다른 사람들이 우리를 보고 주
님을 생각나게 하기 위해서라도 하나님과 교제해야 하는 시간이
많아야 한다는 것입니다. 자녀들을 보면, 부모의 모습이 떠오르듯
이 사람들이 하나님의 자녀인 그리스도인을 볼 때 하나님을 떠올
릴 수 있어야 되는 게 당연한 일입니다.

그래서 지금 사도 바울이 골로새 교회에 편지하면서 이야기한

것이 하나님께서 이루어 놓으신 이 놀라운 변화를 너희가 보존하기 위해서라면 날마다 하나님의 말씀을 듣고, 묵상하고, 그 말씀의 주이신 그리스도와 함께 더불어 교제하는 일들을 통해서 우리의 신분이 아름답게 보존될 수 있는 그런 복 있는 성도여러분들이 되시기를 주의 이름으로 축원합니다.

앞 장에서는 신분의 변화에 대해서 이야기했고, 본장에서는 신분의 보존에 대해서 살펴봤습니다. 여기에서는 신분의 보존을 위해 우리가 믿음 안에 거해야 한다는 사실을 봤습니다. 변화된 신분을 잘 보존시키기 위해 끊임없이 하나님의 말씀을 듣고, 말씀을 묵상하고, 또 하나님께 그 말씀이 인도하는 대로 하나님과 함께 더불어 교제하게 되는 시간들이 풍성해짐으로 인해서 우리들의 신분이 보존되어 집니다. 예를 들어 가정에서 어머니가 밥을 열심히 지어서 밥상을 차려놨다고 했을 때 그 밥은 남편이나 자식들이 먹어야 합니다. 그런데 안 먹는다고 부인이 숟가락으로 떠서 자식의 입에 떠 넣어주는 것은, 물론 어렸을 때는 가능하다고 하겠지만 그것은 좋은 교육이 아닙니다. 어쨌든 차려놨으면 와서 스스로 먹어야 합니다. 영적 생활도 마찬가지입니다. 하나님의 말씀을 자꾸 듣고, 그 말씀을 믿음으로 화합해서 말씀이 삶을 지배하고, 그것을 통해 하나님과 더불어 교통하는 것이 됨으로써 우리를 보고 사람들이 예수를 알게 되는 큰 역사를 함께 이루어 갈 수 있게 되기를 소망합니다.

제 2장 - 탁월한 신분 :
어떻게 보존할 것인가?

2. 터 위에 굳게 서라,
3. 복음의 소망에서 흔들리지 말라

앞장에 이어 계속해서 그리스도인의 탁월성에 대해 살펴보고자 합니다. 탁월하다는 것은 영어로 이야기하면 'excellent' 라고 하거나 'nobel(고귀한)' 이라고 할 수 있습니다. 왜 우리는 모두가 죄와 허물로 죽은 자인데 탁월하다고 할 수 있을까요? 그것은 하나님의 아들 예수 그리스도의 피로 값 주고 사서 우리가 더 이상 죄에 종노릇하지 않고, 하나님과 원수 되지 않고, 하나님의 자녀가 되었다, 하나님과 화목하게 되어졌기 때문입니다. 그래서 우리의 신분이 이렇게 놀랍게 변화되었다고 하는 것, 이것이 바로 그리스도인의 탁월함입니다. 단순히 우리를 깨끗하게 목욕시키고, 깨끗한 옷을 입히고, 좋은 음식을 먹게 하고 하는 것으로 끝나는 것이 아니라 머리부터 발끝까지 죄가 하나도 없는 하나님 앞에서 거룩하고 흠이 없고, 책망 받을 것이 없는 자로 만들어 주셨습니다. 죄가 없으신 하나님의 아들 예수 그리스도의 피로 말미암아 그와 같이 변화를 입은 자들이 그리스도인이라고 하는 것을 앞장에서 함께 생각했습니다. 그리고 그리스도인의 신분을 하나님의 말씀을 끊임없이 섭취하며 은혜의 수단인 기도를 활용함으로써 잘 보존해야 된다는 것을 알았습니다. 탁월한 그리스도인은, 전능하시고 영원하신 하나님과 더불어 교제하는 즐거움을 누리고, 그 하나님이 우리의 생명을 유지하기 위해서 주신 생명의 양식을 날마다 섭취하는 삶을 삽니다. 그런데 이 신분을 잘 유지하기 위해서는 '믿음 가운데 거해야 된다' 고 했는데, 이 믿음은 하나님의 말씀을 잘 들음에서 나기 때문에 하나님의 말씀을 끊임없이 들어야 한다는 것을 앞장에서 보았습니다.

2. 터 위에 굳게 서라

이 장에서는 변화된 신분을 유지하는 방법, 그 두 번째에 대해

알아보도록 하겠습니다. 본문 23절에서 '만일 너희가 믿음에 거하고 터 위에 굳게 서서 너희 들은바 복음의 소망에서 흔들리지 아니하면 그리하리라...' 고 말씀하십니다. 어떤 사람이든지 하나님 앞에 설 수 있는 자는 아무도 없습니다. 그러나 하나님 앞에서 거룩하고 흠이 없고, 책망 받을 것이 없는 자로 서게 된다는 것은 엄청난 사건입니다. 이것을 계속 하기 위해서는 '믿음 안에 거하라, 터 위에 굳게 서라' 는 것입니다. 우리말로는 '터' 일 뿐이지만 헬라어에는 '그 터 위에 굳게 서라' 는 의미입니다. 여기에서 말하는 '터' 는 영어로 'foundation' 입니다. 바로 우리 신앙의 기초인 주 예수 그리스도를 말하는 것입니다.

베드로에게 예수님께서 '너희는 나를 누구라 생각하느냐' 라고 물을 때, 베드로는 '주는 그리스도시요 살아계신 하나님의 아들이시니이다' 고 했습니다. 그러자 예수님께서는 '그 반석위에 내 교회를 세우겠다' 고 하셨습니다. 그렇다면 예수 그리스도는 누구입니까? 그분은 메시야-우리를 구원하신 구원자-시고, 살아계신 하나님의 아들입니다. 성경적 개혁 교회의 신앙의 출발점은 '예수님은 나의 구주이시고, 살아계신 하나님의 아들이심을 내가 믿는다' 고 하는 것이 반석이 되는 것입니다. 예수 그리스도가 믿음의 반석이 되는 것입니다. 신앙에 있어서 하나님과 더불어 교제하고, 하나님 앞에 설 수 있고, 하나님과 함께 즐거워할 수 있는 길은 반드시 이 터 위에 있어야 합니다.

오늘날은 구원의 길이 예수님만이 아니라 다른 종교에도 있다는 종교다원주의가 팽배하는 시대입니다. 이 사상이 교회들을 침식하고 있는 실정입니다. 교회에 다니는 사람 중에도 예수님이 유일한 터라고 믿는 사람들이 줄어들고 있으며, 놀랍게도 3분의 1 이상이 이 사실을 부정하고 있습니다. 그러나 우리는 그것을 배격해야 합니다. 요즘 세대는 곳곳에서 거짓 선지자들이 등장하고 있으며, 신비주의자들이 미혹을 하며, 은사주의자들이 진리에서 멀어지게 만듭니다. 사람의 가르침과 헛된 철학으로 유혹하여 넘어뜨립니다. 과거에는 오직 성경이라고 하는 것이 지금은 다 무너져버리고 말았으며 오직 예수뿐이라고 하는 믿음의 터가 흔들리고 있습니다.

벌써 영국, 미국, 캐나다 등지에서 법으로 예수님만이 유일한 구원의 길이라고 주장하면 안 된다고 정해놓고 있습니다. 즉, 종교의 공존을 이야기하고 있는 것입니다. 그런데 십계명의 제1 계명에서, '너는 나 외에는 다른 신을 두지 말라' 고 말합니다. 그것이 하나님의 분명한 뜻임에도 불구하고, 오늘날 교회 다니는 사람들까지지도 '이것도 좋고, 저것도 좋고, 다 좋은 거야, 그냥 교회가 좋아서 다니는 것뿐이지, 다른데 구원 없다고 이야기하면 안 돼라고 말하는 자가 많이 있는 실정입니다. 사람들은 많은 주가 있다고 이야기하지만, 우리에게는 하나님 한 분 외에는 다른 신이 없습니다. 이것이 우리가 견고히 지켜야 할 터라는 말입니다. 이 터가 흔들리면 모두 다 흔들리게 됩니다. 따라서 이 터가 흔들리면 안 되는 것입니다. 유일한 구원이신, 하나님의 아들, 예수 그리스도로 말미암아 하나님 앞에서 내가 거룩하고 흠이 없고, 책망 받을 것이 없는 자로 서게 된다는 사실이 흔들리면 안 된다는 말입니다.

얼마 전 나이가 지긋한 할아버지 목사님이 조계사 절에 가서 중들에게 회개하고 예수님을 믿으라고 했다고 합니다. 이 일 때문에 인터넷에서는 기독교를 욕하는 이야기들이 많은 사람의 입에 오르내렸습니다. 이 일이 한편으로는 충분히 지혜롭지 못한 행동이었기 때문에 비난 받을 만한 일이라고 할지라도 예수 그리스도 외에는 다른 구원자가 없다고 하는 분명한 사실 때문에 그 일을 벌일 수 있는 것입니다. 어느 누가 교회에 와서 예수 믿지 말고 부처 믿으라고 말하는 사람이 있겠습니까? 사실 지혜롭지 못한 행동이긴 하지만, 왜 목사님이나 성도들이 그렇게 할 수 밖에 없나면 예수만이 유일한 구원자라고 하는 것을 증명하는 것이기 때문입니다. 저는 그분들이 지혜롭지 못하게 행동한 것에 대해서는 분명히 비난을 받아야 되지만, 그렇게 극단적인 행동을 할 수밖에 없었던 이유에 대해서는 한번 쯤 생각해 볼 필요가 있다고 봅니다. 도대체 예수가 누구길래 절까지 가서 황당한 짓을 하는지에 대해서는 생각해야 한다는 말입니다.

모든 종교에는 선한 것이 존재하지만 그 선한 것이 그들을 구원의 자리에 있게 하지 못합니다. 왜냐하면 구원의 길은 '내가 곧 길이요 진리요 생명이니 나로 말미암지 않고는 아버지께 올 자가 없다' 고 선언하신, 예수 그리스도밖에는 없기 때문에 그렇습니다. 따라서 이 터에 굳게 서야 합니다. 우리가 그렇게 믿을 때, 세상 사람들이 우리를 보고 예수님에 대해 한 번쯤은 생각해보지 않을까요?

그러나 불행하게도 이 터가 흔들리고 있습니다. 시편기자는 이것을 예언하고 우리에게 이렇게 이야기합니다. '터가 무너지면 의인이 무엇을 할꼬 여호와께서 그 성전에 계시니 여호와의 보좌는 하늘에 있음이여 그 눈이 인생을 통촉하시고 그 안목이 저희를 감찰하시도다 여호와는 의인을 감찰하시고 악인과 강포함을 좋아하는 자를 마음에 미워하시도다 악인에게 그물을 내려치시리니 불과 유황과 태우는 바람이 저희 잔의 소득이 되리로다 여호와는 의로우사 의로운 일을 좋아하시나니 정직한 자는 그 얼굴을 뵈오리로다' _(시편 11편 3-7절)라고 했습니다. 터가 무너져도 여호와께서 그 성전에 계셔서 하늘에서 그 눈이 인생들을 통촉하시고, 그 안목이 저희를 다 살펴보신다고 했습니다.

이 터가 무너지고 있지만, 이 터 위에 굳게 서 있는 자들-예수 그리스도만이 나의 구주라고, 예수 그리스도 외에는 다른 길이 없다고 분명히 믿는 그런 사람들-에게 하나님이 눈길을 떼지 않으시고 그들을 하나님이 건져주신다고 하셨습니다. 그러니까 터가 무너진다고 해서 휩쓸려서 세상 사람들과 함께 지내겠다고 하는 태도는 어리석기 짝이 없는 것입니다. 사람들이 세상에서 기대하고 의지할 버팀목으로 삼고 있는 것은 모두 무너집니다. 인간의 생각으로는 변치 않을 것 같고 절대로 무너지지 않을 것 같던 것도 화산이나 지진 때문에 파괴되고 없어지는 것을 경험합니다. 사람이 정한 터가 무엇이든지, 그 터는 모두 무너지게 되어 있습니다. 그러나 하나님이 정하신 견고한 터는 사람이 절대 무너뜨릴 수 없습니다. 따라서 이 터에 굳게 서 있으면 하나님 앞에 거룩하고, 흠이 없고, 책망 할 것이 없는 자로 세움을 입을 줄로 믿습니다.

앞에서도 이야기했듯이 여호와 하나님께서 성전에 계시고, 그 보좌가 하늘에 있기 때문에 그 나라는 영원한 나라입니다. 육신으로 이 땅에서 보는 것과는 다르다는 말입니다. 이 지구가 환경오염을 비롯해 여러 가지 이유로 더 이상 존재할 수 없다고 해서 지구 밖으로 나가려고 우주 공항에서 아주 열심히 노력을 기울이고 있습니다. 그러나 우리를 지구 밖으로 모두 실어나르는 것은 불가능한 일일 것입니다. 하나님이 허락지 않으시면 아무도 살 수 없는 것입니다. 그런데 인간 세상의 터가 무너지고, 심지어 교회조차도 예수 그리스도가 우리의 터라고 하는 사실이 무너져가고 있는 시대에 의인들은 성전에 계신 여호와를 앙망해야 합니다. 하나님께서는 당신을 의지하는 자, 이 터 위에 서 있는 자를 버리지 않고, 하나님의 크고 강한 팔로 지키신다는 것을 말씀하고 있는 겁니다.

언젠가는 모든 것들이 다 무너질 것입니다. 우리는 언제나 믿음의 주요, 온전케 하시는 이 이신 예수 그리스도를 바라보고 조금도 이탈하지 말기를 주의 이름으로 간곡히 부탁드립니다. 예수님만 바라보는 것에서 절대로 한 발자국도 벗어나서는 안 됩니다. 주님은 우리 눈에서 눈물을 닦아 주시고, 누구도 빼앗아 갈 수 없는 놀라운 평강으로 우리를 충만하도록 역사하실 것이기 때문입니다. 그래서 시편기자는 시편 46편에서 '하나님은 우리의 피난처시요, 우리의 힘이시며 환난 중에 만날 큰 도움이라. 그러므로 땅이 변하든지 산이 흔들려 바다 가운데 빠지든지 바닷물이 흉용하고 뛰놀든지 그것이 넘침으로 산이 요동할찌라도 우리는 두려워 아니하리로다' 라고 노래합니다. 예수님이 우리의 터이기 때문에 두려워하지 않는다는 것입니다.

19세기 스코틀랜드 던디의 성 베드로 교회에서 목회한 로버트 머리 맥체인 목사님이 다음과 같은 고백을 했습니다. 'My hope is built on nothing less Than Jesus' blood and righteousness. I dare not trust the sweetest frame. But wholly trust in Jesus' Name. On Christ the solid rock I stand, All other ground is sinking sand.' (내 소망은 예수님의 보혈과 의 위에 둔 것 외에는 아무것도 없습니다. 예수님의 이름을 전적으로 의지하는 것 외에 달콤한 다른 무엇도 나는 신뢰하지 않습니다. 나는 견고한 바위이신 그리스도 위에 서 있습니다. 다른 모든 것은 다 가라앉는 모래 알과 같습니다.)라고 말입니다. 여러분의 터는 어디입니까? 여러분의 운명, 남은 생애를 완전히 안전하게 맡기고 살 수 있는 터는 어디 있습니까? 이제는 자식도, 배우자도, 우리가 가지려고 몸부림 치고 있는 돈도, 그 어떤 것도 우리 인생을 맡길 터가 없습니다. 그러나 예수 그리스도의 터 위에 견고하게 서 있으면, 마지막 날 하나님 앞에 거룩하고 흠이 없고 책망할 것이 자로 반드시 세워지게 됩니다. 하나님이 영이 우리를 반드시 그렇게 세워지도록 역사하시기 때문입니다. 이 말을 우리에게 주신 것은 우리가 이 터 위에 서 있지 못하도록 유혹하는 손길들이 있기 때문입니다. 세상의 불확실한 것들을 붙들려고 하지 말고, 우리의 영광의 소망이신 그리스도를 굳게 붙드십시오. 그 안에 견고히 세움을 입어 항상 감사하는 하나님 나라의 시민으로 잘 보존되어 가기를 소망합니다.

3. 복음의 소망에서 흔들리지 말라

그러면 세 번째로 어떻게 하면 거룩하고 흠이 없고, 책망 할 것이 없는 자로 하나님 앞에 세움을 입을 수 있습니까? "우리의 들은 바 복음의 소망에서 흔들리지 아니하면" 하나님 앞에 그렇게 선다는 것입니다. 그러므로 우리의 신분을 잘 유지하기 위해서는 우리의 들은 바 복음의 소망에서 흔들리지 않아야 합니다. 복음의 소망에서 흔들린다고 할 때, 이것은 사실 의심하는 것입니다. 요즘 천국에 갔다 왔다고 간증하는 사람들이 있습니다. 그런데 사람들은 그런 간증에 쉽게 휩쓸리는 것을 볼 수 있습니다. 이런 태도는 옳지 않은 것입니다.

다음 장에서 신분의 영광스러운 상태에 대해서 생각할 것인데, 변화를 받은 신분 이후에 이것을 어떻게 유지하는가 하는 부분과 이 신분이 얼마나 영광스러운 상태로 나아가게 되는지도 살펴볼 것입니다.

흔들린다는 것은 소망을 의심하게 만드는 것을 말합니다. 운전할 때 길을 몰라서 이쪽 길로 가다가 다시 아닌 것 같아서 저쪽 길로 가는 경우가 있습니다. 이것은 확신이 없어서 이런 일이 생기는 것입니다. 그러나 내가 가는 길이 확실하면 고민할 필요가 없습니다. 하나님이 우리에게 들려주신 복음의 소망, 예수 그리스도로 말미암은 구원을 얻는 복음의 소망이 흔들리지 말아야 하는데 유혹에 우리 자신이 흔들리게 되는 일이 있습니다. 불확실한 두려움에 사로잡힐 때, 의혹들이 생기는 겁니다. 세상의 소망은 아무리 확실한 것 같이 보일지라도 불확실합니다.

이명박 대통령이 충청도민의 표를 얻으려고 그들에게 유리한 공약을 했다고 해서 찍어줬다고 하는 것 때문에 계속 논란이 되고 있습니다. 그런데 예수님은 우리의 환심을 사려고 이야기 한 것이 아닙니다. 교회나 성경에서 말하고 있는 소망은 불확실함 (uncertainty)이 아니라 보장이 될 수 있는 확실한 것(sure certainty)을 말합니다. 세상의 학자들이 예견하는 것도 불확실할 뿐입니다. 그러나 주님에게는 어느 것 하나라도 불확실한 것이 없습니다. 그의 말은 단 한마디도 헛되이 돌아오는 법이 없습니다. 그래서 주님이 천지는 없어지겠으나 내 말은 없어지지 않는다고 말씀하신 것입니다. 천지에 있는 것은 다 없어져도 내 입에서 나간 말은 일점일획도 없어지지 아니한다고 말입니다. 따라서 예수 그리스도의 터 위에 복음의 소망에서 흔들리지 아니하면, 반드시 그와 같이 된다는 것을 이야기하고 있습니다.

흔들리게 하는 미혹들

골로새 교인들이 흔들림을 받은 것이 참 많습니다. 골로새서를 보면, 이단들의 가르침도 있고, 유대인들의 율법주의도 있고, 천사숭배도 있고, 인간의 헛된 철학에 속아 넘어가는 이런 일들이 골로새 교회에 침투해 들어왔습니다. 이것은 비단 골로새 교회에만 한하는 것이 아닙니다. 우리에게도 충분히 일어날 수 있는 일입니다. 여전히 이단들의 가르침에 미혹되어 가고 있습니다. 천사숭배, 신비주의 사상들, 율법주의들, 거짓된 교사들의 가르침,

세상의 헛된 철학들 이런 것들이 우리를 계속 미혹하고 있습니다.
그런데 '왜 이런 미혹거리들이 있도록 하나님이 허용하실까' 하
는 부분을 살펴보고자 합니다. 유혹이 없다면 좋겠지만 우리로
하여금 흔들림을 받게 할까라고 하는 부분 말입니다. 그것은 하나
님이 우리를 연단하기 위함입니다. 군인들 훈련 받는 훈련장에는
평지만 있는 것이 아니고, 포장도 안 된 울퉁불퉁한 길, 철퍽철퍽
빠지는 진흙 바닥, 철조망을 낮게 깔아서 포복으로 기어서 가게
하는 것에서 시작해서 뛰어 넘는 것, 하늘에서 떨어지는 고공낙하
등 다양한 훈련을 합니다. 그런 것들 두는 이유는 강인한 군인들
을 만들기 위해서라고 할 수 있습니다. 이런 것이 없이 군인들도
민간인처럼 편안하게 먹고 싶을 때 먹고, 자고 싶을 때 자고, 놀고
싶을 때 놀게 내버려둔다면 강인한 군대가 될 수 없을 것입니다.
하나님이 우리에게 이 유혹거리들을 다 제거하지 않으시고, 내버
려 두시는 이유는 더 강한 그리스도인으로 만드시고자 하는 섭리
가 있는 것입니다. 따라서, 우리에게 시험거리가 있을 때, 하나님
을 원망할 것이 아니고, 오히려 시험거리가 있음으로 인해 감사함
으로 받으면, 하나님께서 선한 열매를 맺히도록 역사하실 줄로 믿
습니다.

하나님이 우리를 강하게 하기 위해서 하는 훈련의 목적에는 세 가지가 있습니다. 첫 번째, 하나님을 더 알게 하고자 함입니다. 우리나라 젊은 남자들이 군대에 가면 나라사랑을 배웁니다. 군대에 가서 국가관이 투철해집니다. 하나님이 여러 시험거리를 두어서 우리를 단련시키고자 하는 것은 우리가 확실하게 하나님 나라 백성이라고 하는 신앙의 세계관이 확고한 사람이 되게 하는 것입니다. 그렇다면 신앙생활이 확고한 것은 무엇이라고 할 수 있습니까? 군인들이 경례할 때 외치는 소리는 '충성' 입니다. 그렇듯 하나님 나라의 주인께 충성하는 것을 배운다는 것입니다. 우리의 왕이시며 우리의 대장 되신 하나님께 충성하는 것입니다. 하나님을 더 알게 되면 알게 될수록 충성 할 수밖에 없습니다. 군인들이 국가가 얼마나 소중한 것인지 알게 되면 알게 될수록 국가에 충성하는 것처럼 말입니다. 신앙생활을 한 시간이 많아도 주님을 아는 지식이 별로 없다고 한다면, 그야말로 오합지졸이 되는 겁니다. 주님을 아는 지식 가운데서 자라가야 됩니다. 이 지식이 너무너무 높아서 땅에서 계속해서 배워도 다 배울 수 없는 것이지만, 때가 되면 완벽하게 아는 날이 다가오게 될 것입니다. 그래서 그 날까지 우리는 끊임없이 배워야 합니다.

　　삼양교회의 표어는 예수님을 더 알아가는 교회, 날마다 우리 주님을 더 알아가는 것입니다 (Knowing Jesus better). 우리가 예수님을, 그를 더 많이 알아가는 것, 이것이 우리 목표입니다. 사실 하나님을 더 많이 안다는 것 자체는 우리 자신에게 엄청난 무기가 되는 겁니다. 국가관이 투철한 사람은 어떤 유혹들이 와도 흔들리지 않습니다. 내가 하나님을 아는 것이 나의 힘이라고 이야기하는 것 자체가 다른 데 있는 것이 아닙니다. 세월이 지날수록 하나님을 더 많이 알아가는 성숙도는 뿌리를 깊이 내리는 일입니다.

　　다음으로 훈련의 목적 두 번째는 우리가 더 거룩해지기 위함입니다. 우리를 더 거룩한 자리에 나아가게 하기 위함인 것입니다. 히브리서 12장에 우리를 연단시키시는 하나님의 목적이 나옵니다. 우리를 더 거룩한 자가 되게 하기 위함인 것입니다. 즉 연단은 영적인 훈련인 것입니다. 주님을 더 의지하고, 주님을 더 닮아가게 하는 데 목적이 있습니다. 그렇게 하기 위해서 하나님은 종종 우리를 광야로 내모는 일을 하십니다. 인생의 광야 길을 행할 때가 있습니다. 우리가 여러 장애물들을 통해 하나님만 앙모하게 만드는 것입니다. 주님의 온유하심, 겸손하심, 거룩하심을 본받아서 하나님 나라의 시민권자로 합당한 자질을 갖추며 살게 하고자 하는 것이 바로 주님이 우리를 훈련시키시는 목적인 것입니다. 그러나 상당수의 사람들이 이런 신앙의 훈련에서 도태되고 낙오됩니다. 왜 이런 일들이 벌어집니까? 경제적인 손실, 육체적인 고통, 또는 가족간의 단절, 친구간의 이별 등 여러 가지 시련들 때문에 방황하기 때문입니다. 그래서 말씀을 들을 때는 기뻐하지만, 재물의 염려 때문에 말씀으로 인해서 받는 환난이나 핍박 때문에 중도에 포기하는 일들이 벌어집니다. 그러나 포기하면 안 됩니다.

군인들의 훈련정신을 보면, 옆에서 동료가 쓰러지면, 그냥 내버려두지 않고 들쳐 업고라도 갑니다. 우리 주변에 그렇게 쓰러지는 사람들이 있을 때, 죽어도 같이 죽고, 살아도 같이 산다는 마음을 가져야 합니다. 사실 그리스도인이 공동체 훈련을 할 때, 함께 더불어 살아가도록 하기 위함입니다. 물론 신앙은 개인의 것이라고 이야기했지만 믿는 사람을 옆에 두신 이유는 서로 격려하고, 힘을 북돋아줘서 함께 나아가도록 하는 것입니다. 이런 아픔들 때문에 넘어지는 자들을 위해서 우리가 기도도 해야 하고, 격려해서 같이 나아가야 하는 것입니다. 그러나 우리가 누명을 쓰고, 거짓된 모략을 당하고, 핍박을 당한다고 해서 하나님이 없다고 하면서 넘어지면 안 되는 것입니다. 그래도 다시 일어서야 한다는 것입니다.

사탄은 우리에게 하나님이 우리를 버렸다고 하는 생각을 하게 만듭니다. 하나님이 나 같은 존재에 대해서는 전혀 관심도 없다고 확신하게 만듭니다. 나아가 하나님이 아예 존재하지 않는다고 하는 생각이 들게 해서 아예 자포자기하게 만듭니다. 결국 사탄은 여러 시험거리를 통해서 우리 자신도 별 볼일 없는 존재로 인식하게 만들 뿐만 아니라, 아예 하나님을 계시지 않는 분으로 만들어 버리는 착각에 빠지게 합니다. 그래서 하나님을 떠나 사는 인생이 되게 되고, 마지막에는 파멸에 이르게 만듭니다. 이런 일들이 반드시 일어납니다. 그러나 진정한 하나님의 자녀는 변화를 입은 새 사람이라는 것을 더욱 확증하는 것입니다. 내가 진정한 하나님의 자녀라는 것을 더욱 붙들게 되는 것입니다. 하나님이 나를 얼마나 사랑하시는지 더욱 절감하게 되는 것입니다. 여러 시련이 다가와도 나를 향하신 하나님의 생각은 결코 파멸이 아니라고 하는 것을 확정하는 것입니다. 이 일을 통해서 하나님이 나에게 원하시는 것은 내가 주님을 더 닮게 하기 위함이며 더 거룩한 자리에 나아가게 하기 위함이라고 생각하는 것입니다. 그래서 더 기도하게 되는 것이고, 말씀을 붙들게 되는 것입니다.

'내가 고난당하기 전에는 그릇 행하였더니, 고난을 통해서 내가 주의 율례를 배우게 되었나이다' 라고 말씀하셨듯 고난을 통해서 내가 하나님의 법이 무엇인지를 깨닫고, 보다 더 주님을 닮아가고, 보다 더 사랑하게 되고, 주님을 의지하게 되고, 주님의 거룩함을 드러내는 자리에 이르게 한다는 것입니다. 예레미야 29장 11절' 나 여호와가 말하노라 너희를 향한 나의 생각은 내가 아나니 재앙이 아니라 곧 평안이요 너희 장래에 소망을 주려하는 생각이라' 고 말씀하십니다. 이것은 하나님이 우리에게 말씀하시기를 너희를 향한 나의 생각은 재앙이 아니라는 것입니다. 지금 시련 앞에 푹 빠져서 허우적거리고 헤어나지 못하게 하는 것이 아니라는 말입니다. 하나님께서 우리를 향하여 가지신 생각은 재앙에서 건짐을 받는 영원한 평안임을 믿으시기 바랍니다. 사탄은 우리가 재앙, 장애물, 시험거리들만 보고 벌벌 떨게 만들어서 하나님조차 부정하게 되는 자리에 나아가도록 하지만, 하나님의 생각은 재앙이 아니라, 그 너머에 있는 주님이 주시는 놀라운 평안을 주시려 한다는 것을 믿으시기 바랍니다. 왜냐하면 주님은 평강의 왕이시기 때문입니다. 주님 안에서 참된 소망을 가진 사람으로 살아가게 하는 것입니다. 그렇기 때문에 연단은 우리를 더욱 강한 자가 되게 합니다. 게다가 성령께서는 우리에게 양자의 영을 주셨으므로 우리를 보다 더 거룩하고 평안하고 소망이 넘치고 은혜로우며 하나님과 가까운 자리로 인도해 주실 줄 믿습니다. 사탄이 주는 생각은 사망이지만 성령의 생각은 로마서 8장 6절에 있는 것처럼 생명과 평안이라는 것을 분명히 붙드시고, 승리하시는 성도들이 되시기를 소망합니다.

로마서 8장 28절에 '우리가 알거니와 하나님을 사랑하는 자 곧 그 뜻대로 부르심을 입은 자들에게는 모든 것이 합력하여 선을 이루느니라' 고 말씀하셨습니다. 성도가 종종 자기 욕심에 이끌려 시험이 드는 경우도 있지만 그것을 통해서 하나님은 우리를 더 강하고 거룩한 자가 되게 하십니다. 그래서 고린도전서 10장 13절에 '사람이 감당할 시험 밖에는 너희에게 당한 것이 없나니 오직 하나님은 미쁘사 너희가 감당치 못할 시험 당함을 허락지 아니하시고 시험 당할 즈음에 또한 피할 길을 내사 너희로 능히 감당하게 하시느니라' 고 말씀하신 것입니다.

성경에 보면 두려워하거나 낙심하지 말라는 말씀이 무수히 많이 있습니다. 우리가 두려워하거나 낙망하지 말아야 될 이유는 하나님이 우리와 함께 하시고, 우리는 하나님께 속한 백성이기 때문에 그렇습니다. 외국에서 해적들에게 잡혀서 포로가 된 사람들을 구하려고 대한민국이 나서서 애를 쓰고, 해병대 UDT대원들이 가서 구출해온 이유는 바로 그들이 대한민국 국민이기 때문입니다. 사탄이 만들어놓은 올무에 걸려서 옴짝달싹도 못하고 있다면 하나님께서 그의 영을 보내사 우리로 하여금 웅덩이에서 건져내시고, 여호와를 찬송케 하시는 일을 하신다는 것을 믿으시기 바랍니다. 비록 우리가 실수했을지라도, 죄를 범했을지라도, 넘어졌을지라도 하나님이 우리를 그곳에서 건져내셔서, 우리로 더 거룩하고, 더 의롭고, 더 은혜로운 자리, 주님을 더 닮아가는 자리에 이르도록 역사해 주실 줄로 믿습니다.

마지막으로 신앙 훈련의 세 번째 목적은 동일한 시련 중에 있는 자들을 능히 위로하는 자가 되려 하게 함입니다. 하나님이 우리를 시련 가운데 있게 하는 것은 그 시련을 극복하고 승리하여 더 하나님을 닮아가고, 거룩한 자리에 있게 되면, 동일한 시험을 받는 자들을 가서 능히 위로하고, 격려하고, 힘을 북돋아주는 사람으로 세우시기 위한 것입니다. 과부 사정은 과부가 안다고 하는 말이 있습니다. 병을 한 번도 앓아본 적이 없는 사람이 투병중인 환자를 위로하는 것은 어려운 일입니다. 만약 내가 암에 걸려서 사경을 헤매다 고침을 받은 사람이면, 암에 걸려 사경을 헤매고 있는 사람을 능히 위로해줄 수 있을 것입니다. 자식을 잃어버린 경험을 한 사람들도 자식을 잃고 슬픔에 빠진 사람을 위로해주듯이 말입니다.

고린도후서 1장 3절에 '찬송하리로다 그는 우리 주 예수 그리스도의 하나님이시요 자비의 아버지시요 모든 위로의 하나님이시며 우리의 모든 환난 중에서 우리를 위로하사 우리로 하여금 하나님께 받는 위로로써 모든 환난 중에 있는 자들을 능히 위로하게 하시는 이시로다' 라고 했습니다. 사도로부터 받은 복음의 소망은 골로새서 1장 27절에서 우리 주 예수 그리스도임을 말하고 있는데, 이것 때문에 바울과 그의 동역자는 영광의 소망이신 예수 그리스도를 각 사람에게 권하고, 각 사람에게 지혜로 가르친다고 했습니다. 그 이유는 각 사람을 그리스도 안에서 온전한 자로 세우기 위해서입니다.

지금까지의 말씀을 요약하면 다음과 같습니다. 우리가 성도의 탁월한 신분의 보존을 위해서, 하나님의 자녀가 되었다고 하는 이 사실을 잘 유지하고 보존시키기 위해서는 믿음 안에 거해야 한다는 말씀을 드렸고, 그 다음에 터 위에 굳게 서 있어야 한다는 것을 말씀드렸습니다. 이 터는 예수 그리스도밖에 없다는 것을 말씀드렸습니다. 그리고 복음의 소망에서 흔들리게 하는 일들이 벌어지지만 흔들리지 말아야 한다고 했습니다. 하나님이 우리를 흔들리게 하는 시험거리들을 그냥 두시는 이유는 하나님을 더 알게 하고, 우리가 더욱 거룩한 자가 되게 하고, 동일한 환난 중에 있는 자들을 우리가 하나님께 받는 위로로써 능히 위로하는 자가 되게 하려 함이라고 말씀한 것처럼 훈련하시기 위함입니다. 그렇기 때문에 신앙생활은 혼자가 아니라 믿음의 동역자들과 함께 해야 합니다. 시편에서 '형제가 동거하여 연합함이 어찌 그리 아름다운지요' 라고 말씀했습니다.

| 제3장 |

탁월한 신분의 영화

21 전에 악한 행실로 멀리 떠나 마음으로 원수가 되었던 너희를

22 이제는 그의 육체의 죽음으로 말미암아 화목케 하사 너희를 거룩하고
흠 없고 책망할 것이 없는 자로 그 앞에 세우고자 하셨으니

23 만일 너희가 믿음에 거하고 터 위에 굳게 서서 너희 들은바 복음의
소망에서 흔들리지 아니하면 그리하리라 이 복음은 천하 만민에게
전파된 바요 나 바울은 이 복음의 일군이 되었노라

골 1:21-23

제 3 장 - 탁월한 신분의 영화

1. 영화를 위한 성화의 수단들
2. 신부의 영화로운 상태

제 3장 - 탁월한 신분의 영화
영화를 위한 성화의 수단들

본 장에서도 그리스도인의 탁월성에 대해서 계속해서 생각을 하고자 합니다. 그리스도인의 신분이 어떻게 변화가 되었는지, 또 그 신분을 잘 유지하기 위해서 어떻게 해야 되는지 살펴보았습니다. 믿음에 거하고 터 위에 굳게 서고 복음의 소망에서 흔들리지 아니하면, 우리가 하나님 앞에 거룩하고 흠이 없고 책망 할 것이 없는 자로 세움을 입는다는 것을 배웠습니다.

이제 마지막으로, 변화된 신분이 갖는 영광스러운 소망이 무엇인지, 그 영광이 무엇인지, 변화된 신분의 영화가 어떠한 것인지를 살펴보도록 하겠습니다.

1. 그리스도인의 영광과 특권

사람이 예수를 믿게 되면, 반드시 내면에 변화가 따릅니다. 예를 들면, 대한민국 국적이 아닌 사람이 대한민국 국적을 취득하면, 겉사람은 중국 사람이든, 일본 사람이든, 미국 사람이든 생김새는 달라지지 않습니다. 그런데 속이 달라집니다. 신분증을 펴보면 대한민국 국적으로 되어있듯이, 성도의 내면적인 변화도 땅에 있는 시민권이 아니라, 이제는 하늘에 있는 시민권자로 변화됩니다. 전에는 본질상 진노의 자식이었지만, 이제는 하나님과 화목케 된 하나님의 자녀입니다. 전에는 하나님과 원수였지만, 이제는 하나님과 친구가 되는 것은 저절로 된 것이 아니라 하나님의 아들 예수님을 십자가에 못 박혀 죽으심으로, 이 일이 우리에게 주어졌다고 했습니다. 그래서 이 신분의 변화 자체가 내적인 변화이고 심령의 변화를 받은 것을 의미하는 것입니다.

물론 예수를 믿어서 못생긴 사람이 미스코리아가 된다면 모두가 예수를 믿겠다고 할지도 모릅니다. 얼굴이 잘생겨서 미스코리아가 아니라, 그의 얼굴에 예수님의 형상이 새겨지고 그의 얼굴에 예수님의 광채가 빛나게 되면 미스코리아 뺨치는 사람이 될 것입니다. 정말 예수님의 빛이 우리 속에 있고, 예수님의 생명이 우리 안에 있게 되면, 늘 찌그리고, 속상하고, 고통스러워하고, 답답해하고, 아무 생기도 패기도 없이 지내는 사람이, 용기백배한 사람이 됩니다. 우리 그리스도인들의 삶의 변화는 정말 놀라운 것입니다. 저도 학생 때 예수님을 믿었는데, 여학생들 앞에서 말도 못하고 고개나 숙이고 있던 사람이, 예수를 믿고 난 후 말도 담대하게 하게 되었습니다. 발표라도 시키면 부끄러움을 타서 샌님처럼 행동했는데 예수를 믿고 나니까, 담대하게 발표도 하고, 예수 믿으라고 자랑하고 돌아다니게 되었습니다. 사람이 예수를 믿게 되면, 내면의 변화가 있기 때문에, 그 변화된 모습이 겉으로도 드러나게 되어있습니다. 저는 노래도 못했습니다. 그런데 예수님을 믿고 나서는 유행가는 싹 도망가고, 하나님을 찬송하게 된 것입니다.

그러므로 '마음의 변화를 받아서 하나님의 거룩한 자녀가 되었다' 는 것은 우리의 행위가 깨끗해서가 아닙니다. 우리는 매일 아침 갈아입는 와이셔츠도 저녁이 되면 때가 껴서 벗어야 하듯 신앙생활 역시 아무리 깨끗하게 산다고 하더라도 지저분한 모습입니다. 그러나 예수님의 피가 우리를 완벽하게 깨끗하게 만들어 주

는 것입니다. 우리 스스로 죄를 못 씻기 때문에 우리 대신 예수님
이 십자가에 못 박혀서 죽으신 것입니다. 그렇게 해서 우리의 죄
가 흰 눈과 양털처럼 희게 되었습니다.

그런데 성도의 신분의 변화는 내면적인 변화로만 끝나는 것이
아니라 외형도 변한다는 사실입니다. 예수님을 믿는 사람은 내면
적인 변화로부터 시작을 하지만, 마지막 종착역은 외형적인 변화
입니다. 전에는 하나님 나라 밖의 사람이었지만, 이제는 왕실 가
족이 되었다는 법정 선언으로 끝나는 것이 아니라 그 이상의 것입
니다. 바로 그것이 영화의 단계입니다. 성도의 신분의 변화는 영
화(Glorification)의 단계까지 나아갑니다. 즉, 성도는 이 땅에서 성결
된 삶을 살아갑니다. 주님을 더 알게 되고 더 거룩해 집니다. 동일
한 환난 중에 있는 사람들을 능히 위로할 수 있는 자가 됩니다. 그
런데 그것이 끝이 아니라, 그 너머에 성도가 영화로운 신분의 자
리에 나아간다는 사실을 기억해야 합니다.

본문 22절에서, '너희가 거룩하고 흠이 없고 책망할 것이 없는
자로 그 앞에 세우고자 하였으니' 라고 말씀한 것은 예수의 피로
씻음을 받은 성도는 하나님 앞에, 이미 그렇게 서 있다는 의미입

니다. 그래서 지금 이 땅에서 살아계신 하나님과 교제하는 놀라운 특권을 가지고 있는 것을 말하는 것입니다. 하나님을 아바 아버지라고 부르고 하나님께 기도하며 하나님이 주시는 모든 신령한 복을 받습니다. 빛들의 아버지이신 하나님께로부터 오는 모든 좋은 것을 받게 되는 것입니다. 그런데 이 말씀은 동시에, 내가 지금 하나님 앞에 서서 하나님으로부터 모든 좋은 것들을 받아 누리고 하나님과 교제하며 하나님께 기도하고 더 거룩해지고 하나님의 소리를 듣는다는 것으로 끝나지 않습니다. 우리의 몸을 가지고 하나님 앞에 서게 될 영광스러운 소망이 기다리고 있습니다.

그때는 우리가 부활하는 날을 의미합니다. 예수님이 부활하셨을 때 그 몸이 어떻게 변화되었습니까? 주님을 직접 보게 될 영화로운 자리에 이르게 될 성도라고 하는 미래의 신분의 변화까지도 포함하고 있습니다. 그리스도인이 탁월한 이유는, 이 땅에서는 다른 사람에게 짓밟히고 무시당하는 별 볼일 없는 것 같은 존재로 보여지지만 성도는 그게 끝이 아니라는 것 때문입니다. 반드시 영화로운 단계에 나아간다는 것입니다. 그 소망을 가지고 이 땅에서 살아가는 줄로 믿습니다. 그것이 성도의 삶입니다. 그런데 그 영화로운 신분이 어떤 것인지 살펴보기 전에 영화로운 단계에 나아가기까지 '너희가 믿음에 거하고 터 위에 굳게 서고, 복음의 소망에서 흔들리지 아니하게 하는 일'을 위해서 하나님이 우리에게 하신 일을 생각하는 것이 선행되어야 합니다. 왜냐하면 이것이 없이, 22, 23절에서 이야기하고 있는 '너희가 믿음에 거하고 터 위에 굳게 서고 복음의 소망에서 흔들리지 아니하는 단계'를 거치지 않고, 성도가 갑자기 영화로운 단계로 넘어가는 것이 아니기 때문입니다. 이 단계는 바로 성화(Sanctification)의 과정입니다. 즉 이 과정을 거쳐서 영화(Glorification)에 이르게 되는 것입니다.

2. 하나님이 제정하신 은혜의 수단

따라서 신분의 영화를 생각하기 전에, 영화로운 자리에 나아가기 까지 우리를 도와주는 자가 있다는 사실을 알아야 합니다. 하나님께서는 이것을 확실히 우리에게 주셨습니다. 이 세상에서 주님을 더 알고, 더 거룩하고, 주님의 쓰시기에 합당한 더 좋은 사람이 되어가고, 능히 다른 사람을 위로하는 자가 되어가고, 그래서 영광스러운 주님을 대면하게 될 그 날, 또한, 우리의 썩을 육체가 영광스러운 모습으로 다시 부활해서 주님과 더불어 영원히 살게 될 그 날에 이르기까지의 과정들을 거치는 일을 위해 세우신

자들이 있다는 사실입니다. 바로 그것이 본문 23절에 나타나있습니다. '복음의 소망에서 흔들리지 아니하면 그리하리라 복음은 천하 만민에게 전파된 바요 나 바울은 이 복음의 일군이 되었노라'.

죄와 허물로 죽었고, 악한 행실로 하나님과 원수 되었던 자들이, 하나님과 화목한 관계를 가지는 엄청난 복을 누리게 되는 일도, 하나님 앞에 계속해서 믿음에 굳게 서고, 흔들리지 않는 일도 복음의 일꾼을 통해서 이루어진다는 것입니다. 이 부분이 우리가 영화로운 단계에 나아가기 까지 반드시 선행되어야 될 부분입니다. 로마서 10장에서 '누구든지 주의 이름을 부르는 자는 구원을 얻으리라' 고 이야기하면서 '그런즉 저희가 믿지 아니하는 이를 어떻게 부르냐' 는 질문을 던집니다. 이것은 '누구든지 예수님의 이름을 부르기만 하면 구원을 받는데, 믿지도 않는 자를 어떻게 부르겠느냐' 라는 질문입니다. 또 '듣지도 못한 자를 어찌 믿겠느냐' 고 질문을 합니다. '전파하는 자가 없이 어떻게 또 들을 수 있느냐? 보내심을 받지 아니하였으면 어떻게 전파하겠느냐' 라고 하는 것입니다.

하나님께서 교회에 그리스도의 몸인 교회와 그 몸에 붙어있는 지체를 허락하셨습니다. 이것은 우리가 자원해서 지체가 되었다는 말이 아닙니다. 하나님이 기뻐하시는 뜻대로 가져다가 붙여놓으셨습니다. 그러므로 하나님이, 전파하는 자가 없이 어떻게 들을 수 있으며 보내심을 받지 않으면 어떻게 전파하겠느냐고 하신 말씀은 하나님이 세우시고 보내시기 때문에, 듣는 것과 전하는 일이 가능하다고 말씀하는 것입니다. 다른 말로 이야기하면 복음의 일꾼이 필요하다는 말입니다.

우리가 전도대상자를 작정하는 일을 해야 하는 것은 하나님이 그 일을 정하셨기 때문입니다. 사람들을 구원하고 믿음에 거하고, 터에 흔들림이 없이 복음의 소망 안에서 계속 그 터 위에 굳게 세움을 얻을 수 있게 하는 일을 위해서 하나님이 복음의 일꾼을 사용하신다는 것입니다. 게다가 사람은 자기 스스로 하나님을 알 수 없습니다. '이 세상이 자기 지혜로 하나님을 알 수 없는 고로, 하나님은 전도의 미련한 방법으로 믿는 자들을 구원하시기를 기뻐하셨도다' 고 고린도전서 1장 21절에서 말하고 있는 것과 같이, 우리 스스로 하나님을 알 수 없기 때문에 복음의 일꾼이 필요한 것입니다. 바울도 주께로 받은 소명을 따라 복음을 전하는 일꾼이 된 것처럼 하나님이 복음을 전하라고 세워준 일꾼을 통해서 복음이 증거되어지므로 그 복음을 듣는 자들마다 믿음에 거하고, 터에 굳게 서서, 이 복음의 소망에서, 흔들리지 않게 되는 일을 감당할 수 있습니다. 예수님께서 제자들을 부르시고, 훈련시켜서 파송하셨듯이 자원해서 이루어진 일이 아니었습니다. 물론 그중에는 자원에서 왔던 사람들도 있었습니다. '공중에 나는 새도 집이 있고, 여우도 제 굴이 있거늘, 인자는 머리 둘 곳이 없어' 라는 말을 듣고 가버렸습니다. 하나님이 우리를 부르시므로, 우리가 하나님의 자녀가 된 것입니다. 하나님이 우리를 부르심으로 하나님의 일꾼이 되는 것입니다.

그런데 오늘날 매우 불행하게도, 사람들은 복음의 일꾼, 특히 목사의 무용성을 제기합니다. 한기총의 부패나 교회의 타락상들을 열거하면서, 목사의 수준이 형편없고, 그에 비해 수준 높은 평신도들의 역할을 통해서 교회가 얼마든지 정화되고 존속이 가능하다고 주장하기에까지 이르렀습니다. 목사의 한 사람으로서 저는 심히 부끄러움을 금치 못합니다. 왜냐하면 저도 비난의 대상들에 비해서 결코 낫다고 말할 수 없는 연약한 사람이기 때문입니다. 오늘날처럼 많이 공부하고 해외 유학을 갔다 온 목회자들이 무지기수로 있고, 수준 높은 학자들이 많이 있으나, 목사들의 수준 이하의 행보들이 목사의 존재 무용성까지 나오고 있는 실정입니다.

그렇다면 그런 논리를 제기하는 사람들에게 '사람답게 살지 못하는 사람들이 너무 많기 때문에, 모든 인간은 다 죽어야 한다'고 한다면 가능할까요? '수준 이하의 사람들이 너무 많기 때문에, 목사 필요 없고, 수준 높은 평신도들이 할 수 있다'고 말하는 것은 교만에서 비롯된 것입니다. 개인적으로 이 세상에서 하나님이 수준 높은 목사들을 사용한 것은 17세기 청교도 때라고 생각합니다. 사도 바울 이후로, 사실은 학적으로나 삶의 행적으로나 모든 면에서, 일반 성도들과 비교가 되지 않은 수준 높은 사람들이 있었던 때가 그때였습니다. 물론 그 이후로도 하나님의 신실한 일꾼들이 공부를 무척이나 많이 하고 수준 높은 사람들이 있었습니다. 그런데 우리 한국 교회가 특별히 수준 높은 목회자들 보다는 수준 이하의 사람들이 너무 많아서 마음이 아픕니다. 그러나 성도는 목사들을 필요로 합니다. 두 가지 이유 때문에 그렇습니다. 하나는, 교회의 목사를 세운 것은 성도가 아니라, 교회의 머리이신 주님이 세우신 것이기 때문입니다. 주님이 세우실 때 완벽하고 뛰어나고 모두가 다 공경할만한 인재라서 세운 것이라고 생각하지는 않습니다. 고린도전서 1장 26절 이하에서처럼, 오히려 지혜 없고 무능하고 가난하고 능력이 부족한 사람들을 택해서 지혜 있고 능력이 많고 부요한 사람도 부끄럽게 하시는 하나님이신 것을 볼 수 있습니다. 제가 사람들에게 칭찬 들을만한 존재이기 때문에, 주님이 교회의 목사로 세우신 것이 아니라, 형편없는 존재임을 아심에도 불구하고 세우신 것입니다. 왜 형편없는 인간을 목사로 세웠는가? 형편없다는 것을 아는 존재이기 때문에 주님을 더 의지하는 법입니다. 잘났다고 생각한다면 주님을 의지하기는 커녕 교만으로 똘똘 뭉치게 될 것입니다. 잘났다고 생각하는 목회자들은 다 교만한 자라고 할 수 있습니다. 사실은 그런 자들이 교회를 망치는 것입니다. 주님은 겸손한 자들을 사랑하시고, 그런 자들에게 은혜를 베푸시고, 그런 자들을 통해서 하나님의 귀한 백성들을 하나님 앞에 거룩하고 흠이 없고 책망할 것이 없는 자로 세움을 받도록 역사 하시는 줄로 믿습니다.

교회에 목사가 필요한 두 번째 이유는 다음과 같습니다. 성도 여러분들의 필요 때문에 그렇습니다. 에베소서 4, 5장에서, 물로 씻어 말씀으로 깨끗하게 하는 자들이 필요하다고 말씀합니다. 저는 그 이유를 고린도후서 11장 2절을 통해 이야기하고자 합니다:

'내가 하나님의 열심으로 너희를 위하여 열심 내노니 내가 너희
를 정결한 처녀로 한 남편인 그리스도께 드리려고 중매함이로다'

성도들은 참 신랑이신 그리스도의 신부입니다. 이 신부를 한
남편인 그리스도께 소개하는 중매쟁이를 하나님께서 두었습니
다. 우리 스스로 하나님께로 나오게 하실 수도 있지만 복음의 일
꾼을 통해 그렇게 하셨습니다. 복음의 일꾼은 단지 복음만을 전하
는 것으로 그 임무가 다 하는 것이 아니라, 복음전파를 통해서 주
예수를 신랑으로 영접하는 자들을, 마지막 날에 정결한 처녀로 신
랑 되신 완벽한 그리스도와의 연합을 이루는 일을 하도록 중요한
역할을 담당해야 합니다. 바울은 이 점을 염두에 두고, 고린도후
서 11장 2절을 쓰고 있는 것입니다. 따라서 예수님을 영접한 우리
는 신부로 이미 간택을 받아서 신랑 되신 예수님을 만나게 되는
날이 올 것입니다. 그 날에 복음의 일꾼이 하는 일은 신부를 정결
한 신부가 되게 하여서 신랑인 예수 그리스도를 만나도록 중매하
는 것입니다. 더군다나 신부들은 신랑이 오기도 전에 '내가 참 신
랑이다' 라고 자기 자신을 광명의 천사로 가장해서 택한 자들을
미혹케 하는 악마의 존재들이 있어서 쉽게 사단의 유혹에 넘어갑

니다. 사단이 우리를 넘보고 유혹하는 일들이 없다고 한다면, 사실상 복음의 일꾼은 교회에 필요가 없는 것입니다. 하지만 바울이 지금 2절에서 이야기하고 있는 것은 바로 이 신부들을 정결한 신부로 잘 단장해서 진짜 신랑을 만나게 해 주는 일을 바로 오늘날의 교회의 목사의 역할이라고 말할 수 있습니다.

에스더서에 나오는 아하수에로 왕이 전국 128도에서 아리따운 처녀들을 다 모아다가 왕후 와스디를 대신하여, 다른 왕후를 선발하는 과정을 생각해보려고 합니다. 전국 128도에서 예쁜 처자들을 골라서 왕궁으로 모아놨으니 그 수가 얼마나 많았겠습니까? 한 도에서 한 명씩만 모아도 128명이나 되었을 겁니다. 그런데 이 128명을 누가 관리했느냐? 왕 앞에 나아가기 전에 왕의 내시 헤개가 관리하면서, 무려 12개월 동안 단장을 시켰다고 했습니다. 숫자적인 의미를 생각한다면 완전함을 의미할 것입니다. 아하수에로 왕 앞에 간택을 받는 정결한 신부로 단장하는 일을 헤개가 무려 12달 동안 해서 왕 앞에 세웠는데 왕이 보고 에스더가 마음에 딱 들었기 때문에 에스더가 왕후로 선발이 되었습니다. 여기서 헤개가 한 일이 중매쟁이로서 목사가 할 일이다고 할 수 있습니다. 신부인 성도들은 신랑의 간택을 받기 위해서 자기를 아름답게 단장할 의무가 있습니다. 지혜로운 다섯 처녀와 미련한 다섯 처녀의 비유에서도 그들은 모두 신랑을 기다렸습니다. 그런데 그 중에 다섯은 간택을 받았고, 다섯은 간택을 못 받았습니다. 그것은 바로 준비하지 않았기 때문이었습니다. 중요한 것은, 성도들은 신랑 되신 예수님의 아리따운 신부로 택함을 받도록 준비를 해야 된다는 사실입니다. 그 준비는 나 혼자 한다고 되는 게 아닙니다. 앞에서도 살펴봤듯이 에스더의 단장은 왕의 내시 헤개를 통해 이루어졌습니다. 에스더 스스로 어떤 옷을 입고 어떤 향료를 바를지를 결정하지 않았습니다.

열린교회 김남준 목사님이, 결혼하지 못한 믿음의 청년들이 결혼하는 비결 세 가지를 이야기한 것을 들었습니다. 첫째는 신랑을 달라고 간절히 기도하라. 두 번째는, 여자는 예쁘게 단장하고 다녀야 하고 남자는 젠틀맨십을 발휘해야 된다. 세 번째는 모든 사람에게 예의 바르고 친절하게 행동하는 것이다. 기도를 하려면 간절히 해야 하고 사람들은 첫 만남에서 외모를 보기 때문에 평상시에 예쁘고 신사답게 하고 다녀야 한다는 것이었습니다. 마지막은 모든 사람에게 예의 바르고 친절하게 행동하는 것. 그러면 정말 그렇잖아요. 인사성 바르고, 사람들에게 친절하게 선행을 베풀면 사람들의 눈에 띕니다.

　부모들은 자녀를 예의 바르고 친절한 사람이 되라고 가르칩니다. 그런데 그것보다 더 앞선 것은 첫째로, 열심히 기도하라는 것이고, 둘째는, 잘 단장하라는 것입니다. 무엇보다도 준비된 사람이어야 된다는 말입니다. 우리의 인생도 마찬가지입니다. 결혼 전에 아내가 되는 것, 남편이 되는 것에 대한 준비가 필요합니다. 결혼 준비는 혼수 준비로 다 되는 것이 아닙니다. 예식장을 예약하고 집을 준비하는 것이 결혼 준비가 아닙니다. 또한 회사에 취직하기 위해서는 적어도 24, 25년을 공부합니다. 그렇게 준비해서 직장을 구했어도, 평생직장이 되지 않는 게 현실입니다. 직장에서 해고당하는 일이 다반사입니다. 결혼 생활도 이혼처럼 도중에 그만두게 되는 사람들이 있지만 그리스도인들은 죽음이 갈라놓을 때 까지 함께 살아야 합니다. 그런데, 그 평생을 살 준비를 하지 않는 모습을 많이 볼 수 있습니다. 결혼 준비라면서 예식장과 집, 가구 등을 준비해놓고 그것으로 마쳤다고 하는 것은 안 되는 일입니다. 남편으로서, 아내로서, 아비로서, 어미로서 어떻게 가정생활을 꾸려갈 것인지 죽기까지 살아갈 것을 잘 살게 되도록 준비를 해야 하는 것이 필요합니다. 준비를 안 하기 때문에 결혼 생활이 무덤이니, 창살 없는 감옥이니, 해도 좋고 안 하면 손해라고 하는 말들이 떠도는 것입니다.

준비되지 않은 삶은 다툼만 일어납니다. 여러 시행착오를 거쳐서 행복한 부부의 삶을 영위하지 못하고, 지치고 피곤한 일들만 쌓여가서 매일 다투게 됩니다. 결혼은 반드시 해야 합니다. 결혼 생활이 얼마나 달콤하고 즐거운 것인지, 그것은 준비된 자만 누릴 수 있는 줄로 믿습니다. 영적 생활도 마찬가지입니다. 신랑 되신 주님을 만나게 될 일을 준비하는 게 필요합니다. 그때 가서 허겁지겁한다는 것은 소용없는 일입니다. "내가 왔습니다. 예수님, 내가 지금까지 기다렸는데, 문 좀 열어주세요."라고 한다면 예수님은 아마 "나는 너를 모른다"고 하실지도 모릅니다. 따라서 이 땅에서 우리가 준비를 잘 해야 합니다. 아가서에서 등장하는 신부처럼 준비해야 됩니다. 그 준비를 돕는 일을 위해서 교회의 머리이신 그리스도께서 자기에 맞는 신부를 잘 단장하도록 위임해 준 것입니다. 그래서 목사는 목사에게 맞는 신부를 구하는 것이 아니라, 참 신랑이신 예수님에게 맞는 신부로 단장시켜야 한다고 하는 것입니다. 목사의 제자가 아니라 예수님의 제자로 훈련시켜야 되는 것입니다. 주님의 뜻이 무엇인지 잘 알지 못하면, 목사는 자기 사람 키우기에 급급하게 됩니다. 그러나 목회는 성도들을 단장시키는 일입니다. 정결한 신부로 신랑 되시는 주님을 만나게 해 줘야 하는 것입니다.

에스더에게 있어서 왕의 내시 헤개가 없어서는 안 될 존재였던 것과 마찬가지로, 주님은 바울을 사용해서 바로 고린도 교회 성도들을 정결한 신부로 한 남편인 그리스도에게 데려오게 했습니다. 바로 이것이 목회의 전부라고 간주할 수 있습니다. 그렇다면 목사가 성도들을 어떻게 단장시켜야 됩니까? 믿음에 거하고, 터 위에 굳게 서고, 너희 들은바 복음의 소망 안에서 흔들리지 아니하는 사람으로 단장시켜야 되는 것입니다. 무엇으로 단장해야 정결한 신부가 되는지는 에베소서 4장의 물로 씻어 말씀으로 깨끗하게 한다는 말씀을 보면 됩니다. 말씀과 기도로 해야 합니다.

김남준 목사님이 어느 날 아들에게 어떤 신붓감을 원하냐고 질문했다고 합니다. 그러니까 아들이 '은혜 받은 김태희' 라고 대답했답니다. 그러자 목사님이 아들에게 "야 인마, 그럼 네가 은혜 받은 장동건이냐?" 라고 했다는 이야기를 들었습니다. 사랑하는 형제자매 여러분, 성형수술을 통해 예뻐지기 보다는 완벽하신 신랑 예수 그리스도를 만나 그분의 간택을 받기 위해서는 하나님의 말씀과 기도로 정결하게 단장해야 합니다. 베드로가 공궤하는 일로 인해서 예루살렘 교회에 문제가 벌어질 때에, 그래서 결국은 일곱 명의 일꾼들을 세워서 한 말이 '말씀 전하는 일과 기도하는 일에 전무하리라' 고 했습니다. 이것이 목회자가 하는 일이자 해야 될 일입니다. 말씀과 기도하는 일에 전무해서 성도들을 말씀과 기도로 잘 단장을 시켜 하나님 앞에 설 때, 거룩하고 흠이 없고 책망할 것이 없는 자로 세워야 합니다. 누가 교회에서 제일 예쁘다고 질문한다면 기도 많이 하는 사람이라고 대답할 것입니다. 또한 누가 정말 하나님에게 칭찬 듣고, 복을 받느냐고 묻는다면 하나님 말씀에 순종하는 사람이라고 할 수 있을 것입니다. 하나님의 말씀을 두려워 떨고, 또 하나님 앞에 엎드려 기도하는 사람이 하나님 앞에 예쁜 사람입니다. 세상의 윤리 도덕과 지혜로 가르치는 것은 세상 사람들의 눈에 반듯하게 보일지 몰라도 주님의 눈에는 불결하기 짝이 없는 죄인들에 불과한 것입니다. 오직 하나님의 말씀과 기도로만이 거룩해지는 것입니다.

그런 의미에서 성도들은 말씀이 선포되는 곳에 반드시 있어야 합니다. 기도의 장소에 반드시 참여하여 자기 자신을 아름답게 단련해야 합니다. 사실 기도하는 것은 끊임없이 자신을 죽이고 하나님의 뜻에 맞추는 것입니다. 하나님이 원하는 사람으로 만들어 가는 것이 기도입니다. 그런데, 기도 안하고 하나님 말씀 듣지 않고도 하나님의 신부가 된다는 것은 결코 보증할 수 없는 일입니다. 아무리 좋은 것을 주어도 스스로 가꾸지 않으면 아무 소용이 없듯이 말입니다. 헤개가 에스더에게 값진 향품과 물품들을 가지고, 좋은 디자인, 세계적인 최고의 디자이너가 만든 옷을 갖다 줬는데 만약 에스더가 입지도 않고, 단장도 하지도 않았다면 왕 앞에 갈 수 없었을 것입니다. 단장하는 것은 우리의 몫입니다. 하나님 말씀이 선포되는 것은 성도를 위함입니다. 기도회가 있는 것도 마찬가지입니다. 기도회에서 말씀을 먹고, 함께 기도해야 하나님 앞에 설 수 있는 정결한 신부로 세움 받을 수 있는 것입니다. 그렇지 않는다면, 그때가 됐을 때 신부의 자리에서 완전히 쫓겨날 것입니다.

신부의 단장과 관련해서 한 가지 더 살펴겠습니다. 디모데전서 2장. 9절에서 10절에 있는 말씀입니다. '또 이와 같이 여자들도 아담한 옷을 입으며 염치와 정절로 자기를 단장하고 땋은 머리와 금이나 진주나 값진 옷으로 하지 말고 오직 선행으로 하기를 원하라 이것이 하나님을 공경한다 하는 자들에게 마땅한 것이니라' (딤전 2:9,10)

위의 말씀에서 아담한 옷을 입으라고 할 때 '아담하다' 에 해당하는 헬라어는 '코스미오스(κόσμιος)' 라는 단어입니다. 그것은 사치스러운 옷이 아니라 단정한 옷차림을 일컫습니다. 옷매무새가 흐트러지고 지저분한 상태가 아니라 잘 정돈된 깔끔한 옷차림을 말하는 것입니다. 하나님 앞에 나올 때, 깔끔하게 정돈된 옷, 단정한 옷차림이 필요하다고 하는 것입니다. 비싸지는 않지만 우아한 옷이 있지 않습니까? 돈을 많이 주고 사면 더 멋있겠지만, 우리들의 주머니 사정을 아시는 하나님께서 '앞으로 교회 나올 때 최소한 옷 한 벌에 백만 원 이상 하는 옷만 입고 나오거라' 고 말씀하시지 않습니다. 10만원을 줘도, 아담하고 깔끔하고 단정하게 입으라는 말입니다. 위의 말씀에 '염치' 라는 말로 번역된 헬라어는 '소프로쉬네스(σωφροσύνης)' 인데, 이것은 자기 절제를 잘 하는 사람을 말합니다. 절제가 안 되면 염치도 없는 사람이 되는 것입니다. 안면몰수하고 천방지축으로 날뛰는 것을 말합니다. 즉 염치 있게 행동한다고 하는 것은 자기 분수를 잘 아는 겸손한 자를 의미하는 것이 됩니다. 감정과 욕구를 잘 조절하지 못하고, 자기감정과 욕구대로 행동하는 것은 추한 짓인 것입니다.

또한 땋은 머리나 값진 보석으로 자신을 꾸미는 것은 당시에 대체로 창녀들이 했던 행위였습니다. 따라서 성도들은 그런 몸가짐을 하지 말아야 한다는 것입니다. 여기에서 더 중요한 것은 깨끗한 마음과 선행으로 자기를 단장해야 된다는 사실입니다. 미국의 하버드 대학이나 예일 대학과 같은 좋은 대학에 들어가는 선발 기준이 공부만 잘 해가지고 되는 것이 아니고, 얼마나 봉사활동을 많이 했는지도 포함된다고 합니다. 따라서 이 마음이 깨끗하지 못하고, 행실이 착하지 못하고, 겉모습만 화려하게 잘 단장한 것은 회칠한 무덤과 같다고 말씀하십니다. 우리나라는 무덤을 회로 칠해서 발라놓지는 않지만 유대인들 관습은 무덤에 회를 칠해놓기 때문에 무덤이 깨끗하게 보입니다. 그런데 그 회칠한 무덤 파고 들어가면 그 곳에는 썩은 송장만 있을 뿐입니다. 즉 겉모습은 아름답게 페인트칠 다 해놨는데 속은 완전히 지저분하다고 한다면, 그것은 회칠한 무덤과 같고 하나님께서 그런 걸 원하실 리가 없다는 것을 알 수 있습니다.

여기 '오직 선행으로 하기를 힘쓰라' 고 이야기한 헬라어는 '에팡겔로' (επαννελλω)이라고 하는 단어인데 그것은 '복음을 전한다' 는 의미입니다. '에팡겔로메나이스' (επαννελλομεναις)라고 하는 단어입니다. 이것은 바로 자신을 마치 어떤 일에 전문가인 것처럼 선한 일에 기꺼이 종사하기 때문에 어떤 일을 맡겨 주든지, 그 맡겨준 일을 깨끗하게 잘 처리하는 사람을 의미하는 것입니다. '오직 선행으로 하기를 힘쓰라' 는 것은 일을 시키면 이리 빼고 저리 빼고, 일에 진척도 별로 없고, 오히려 일을 망가뜨려놓고 하는 사람이 아니라, 일을 잘 처리하는 사람을 말하는 것입니다.

이 부분을 생각하면 잠언 31장에 현숙한 여인이 떠오를 것입니다. 진주보다 더 값비싼 현숙한 여인이, 능력과 존귀로 옷을 입고 입을 열어 지혜를 베풀고 그 혀로 인애의 법을 말하고, 집안일을 보살피며, 덕행 있는 여인의 모습을 열거해 놓았습니다. '선행으로 하기를 힘쓰라 단정하기를 힘쓰라' 고 하는 그 말에 아주 적합한 것이, 바로 잠언 31장에 있는 모습입니다.

전문가는 그 사람이 맡은 분야의 일을 능숙하게 처리합니다. 자기 자신을 선한 일을 위해 기꺼이 섬기는 정신이 뭔지를 보여줍니다. 어쩌면 이것이 모든 사람들에게 예의바르고 친절하게 행동하는 여인의 모습이라고도 이야기할 수 있을 것이에요. 우리 스스로를 가꾸는 일을 지속적으로 감당한다면, 신랑 되신 예수님을 영접하지 못할 신부는 아무도 없으리라고 믿습니다.

그렇다면 신부가 누리는 영화가 어떤 것인가?

제 3장 - 탁월한 신분의 영화
신부의 영화로운 상태

그리스도인의 탁월성에 대해서 마지막으로 함께 살펴보며 은혜를 나누고자 합니다. 예수 그리스도께서 십자가에서 피 흘려 죽으심으로 누구든지 그를 믿으면 하나님 앞에 거룩하고 흠이 없고 책망할 것이 없는 자로 세움을 입는다고 말씀하셨습니다. 이 일은 그리스도인이라면 누구나 다 고대하는 가장 영광스러운 부분입니다. 그런데 이 일이 오늘 당장 이루어지는 것이 아니라 하나님 앞에 서게 될 장차 일어날 모습인데, 그 일을 위해서 하나님이 복음의 일꾼을 세우시고 정결한 신부가 되어 하나님 앞에 설 수 있는 길을 가도록 역사하신다는 것을 앞에서 살펴보았습니다.

그리스도인이 신분의 변화를 받아서 하나님과 원수 된 자가 하나님의 자녀가 되었고 이 땅에서 하늘에 속해 있는 모든 신령한 복을 받아 누리며 또 하나님의 백성들과 교제하며 하나님의 교회를 통해서 말씀을 듣고 기도하는 일 가운데 거룩한 자리에 이르게 되는 이 모든 부분들은 땅에서 일어나는 일이지만, 그런데 그리스도인이 되었다고 할 때 이 신분의 영광스러운 부분은 땅에서만이 아니라 하늘에서 이루어지는 작업이 우리 앞에 남아 있는 것입니다. 따라서 신랑 되신 예수님을 만나게 되기 위해서 잘 단장된 신부가 장차 누릴 영광스러운 상태가 어떠한 것인지를 구체적으로 보면서 그리스도인의 탁월성에 대한 강론을 마무리해보려고 합니다.

신앙의 여정을 모두 마치고 신랑 되신 예수님의 품 안에 안기는 신부가 누리는 영화로운 상태는 땅에서 사람들이 영광을 얻는 것과는 비교할 수 없는 차원이 전혀 다른 문제가 됩니다. 땅에서 누리는 사람들의 영화는 전쟁에서 승리했다거나 어떤 운동경기에서 금메달을 땄다거나 또 시험에서 당당히 수석으로 합격을 했다, 취직을 했다는 식의 땅에서 누리는 승리, 기쁨, 만족, 당선의 영광 등의 부분들은 일시적인 것입니다. 금메달을 땄다고 하더라도 또 다른 시합에서 수많은 도전자들을 만나야 하며 때가 되면 물러나야 하는 것입니다. 그러나 예수님을 믿는 그리스도인들이 장차 신랑 되신 예수님을 만나서 누리게 되는 영광스러운 모습은, 일시적으로 주어지는 기쁨이나 만족이 아니라 영원토록 영화로운 상태에 남아있는 것입니다. 요한계시록에서 어린양의 승리의 모습을 말씀하고 있듯이 영원토록 찬란하게 빛나는 주님의 영광스러운 나라에서 영원히 함께하는 영광을 누리는 것이 그리스도의 신부인 교회는 물론 성도들이 경험하게 될 다른 차원의 영화인 것입니다.

성도가 거룩하시고 지존하신 하나님 앞에 서게 되는 이 일은, 거룩하고 흠이 없고 책망할 것이 전혀 없는 상태로 하나님 앞에 잠깐 나아가서 하나님의 얼굴을 뵙고 뒤돌아서면 그 영광이 사라지는 유의 영화가 아니라고 하는 것입니다. 언제나 하나님을 얼굴과 얼굴을 대면하게 되고, 밥상에서 함께 앉아 밥을 먹을 수 있게 되고, 함께 거하게 되는 놀라운 복을 얻게 되는 것입니다. 영원히 목마르지 않는 생수를 마시고, 더 이상 배고픔, 눈물, 고통, 이별, 죽음도 없는 영원한 세계에서 영원히 거하는 것이 바로 성도가 누리게 될 영화로운 상태입니다. 바로 이 영화로운 상태에 대해서 사도 바울은 로마서 8장에서 소위 'golden chain' ^(황금사슬)이라고 말하는, 종착역으로 묘사를 하고 있습니다.

로마서 8장 29절과 30절의 말씀을 보겠습니다. "하나님이 미리 아신 자들로 또한 그 아들의 형상을 본받게 하기 위하여 미리 정하셨으니 이는 그로 많은 형제 중에서 맏아들이 되게 하려 하심이니라. 또 미리 정하신 그들을 또한 부르시고 부르신 그들을 또한 의롭다 하시고 의롭다 하신 그들을 또한 영화롭게 하셨느니라."

부르시고 의롭다 하시고 거룩케 하시고 영화롭게 하시는, 'golden chain' 의 마지막 단계는 영화로운 단계, 즉 'glorification' 에 해당됩니다. 이 단계는 그리스도가 재림하실 때 일어나는 일이든 혹은 신랑 되신 주님을 만나게 될 그때에 진정한 성도들이 산 자나 죽은 자나 그들 몸에 온전하고 최종적인 구속을 받아 마지막 상태에 이르게 되는 단계를 영화로운 단계라고 합니다. 이 부분에 대해서 보다 성경이 구체적으로 우리에게 교훈해주고 있는 것은 죽은 자의 부활을 다룬 고린도전서 15장에서 엿볼 수 있습니다.

고린도전서 15장 44절과 49절 두 절 말씀을 보겠습니다.

"육의 몸으로 심고 신령한 몸으로 다시 사나니 육의 몸이 있은즉 또 신령한 몸이 있느니라."

"우리가 흙에 속한 자의 형상을 입은 것같이 또한 하늘에 속한 자의 형상을 입으리라."

이렇게 육으로 태어난 우리들이지만 신령한 몸으로 다시 살아나게 됩니다. 흙에 속한 자의 형상을 입은 것같이 이제는 또한 하늘에 속한 자의 형상을 입게 될 것입니다. 이것이 그리스도인들이 마지막 단계입니다. 지금 이 모습 이대로 죽는 것으로 끝나는 것이 아니라 최종적으로 성도들이 도달하게 되는 영적인 단계를 보여주고 있는 것입니다. 이 내용은 예수 그리스도께서 부활하신 몸처럼 성도의 몸도 신령한 몸으로 변화를 입게 될 것을 의미하고 있는 것입니다. 예수님이 부활했을 때, 제자들과 함께 음식을 잡수시기도 했으며 손으로 만져볼 수도 있었습니다. 그렇지만 육신의 제한을 받는 것과 같은 그런 몸이 아니라 문이 닫혀 있어도 통과할 수 있는 그런 몸이 된다는 것입니다. 예수님의 부활하신 몸과 같은 몸으로 우리 그리스도인들도 그렇게 변화가 됩니다. 이것은 누구에게나 일어날 수 있는 일이 아니라, 예수님을 믿는 사람들에게 주어지는 영광스러운 자태인 것을 말해주고 있습니다.

이 내용들을 예수님이 지상에 계시면서 우리에게 딱 한 번 경험하도록 보여주신 사건이 있습니다. 마태복음 17장에 보면 변화산상의 역사를 볼 수 있는데, 한 번은 예수님이 베드로와 야고보와 요한, 세 제자를 데리고 변화산에 올라가신 것입니다. 그곳에서 기도하실 때에 갑자기 제자들 앞에 모세와 엘리야가 함께 예수님과 더불어 대화하는 모습이 보입니다: "저의 앞에서 변형되사 그 얼굴이 해같이 빛나며 옷이 빛과 같이 희어졌더라. 때에 모세와 엘리야가 예수로 더불어 말씀하시는 것이 저희에게 보이거늘"(마 17:2-3). 그 광경이 황홀해서 베드로는 주여, 우리가 여기 있는 것이 좋사오니, 우리가 초막 셋을 짓되 하나는 주를 위하여 하나는 모세를 위하여 하나는 엘리야를 위해서 하겠다고 말했습니다. 베드로는 자기 자신이 무슨 말을 하고 있는 지도 모를 정도로 황홀한 모습을 경험하게 됐습니다.

제가 처음 예수를 믿고 회심할 때에 꿈에서 바라본 영광스러운 하늘 보좌에서 흘러나오는, 무엇과도 비교할 수 없는 찬란한 빛을 지금도 잊지 못합니다. 평생에 한 번 경험해 본 사건입니다. 베드로가 휘황찬란한 빛 가운데서 모세와 엘리야가 예수님과 함께 대화를 나누고 있는 모습을 보았습니다. 이 광경이 의도하는 것이 무엇이든지 여기에서 중요한 것은 적어도 천년 이상의 시간 차가 나는 구약의 위대한 인물인 모세와 엘리야를 베드로가 직접 눈으로 목격했다는 사실입니다. 예수님의 얼굴이 해 같이 빛나고 그 옷이 희어졌지만 그 몸이 신령한 몸으로 변화되어 있는 모세와 엘리야의 모습을 보게 된 것입니다. 그 몸을 후세 사람인 베드로의 눈에 알아볼 정도로 변화돼 있는 모습을 보게 되었습니다. 즉 장차 그리스도인이 주님과 더불어 영원히 살게 될 몸의 상태가 어떠한 것인지를 베드로가 맛을 보게 되었습니다.

우리들이 누리는 신분의 놀라운 변화는 단지 하나님과 영원히 함께 있게 되는 것만이 아닙니다. 우리를 위해서 십자가에 못 박혀 죽으신 하나님의 어린 양, 예수님과 만나는 그 황홀함은 말로 다 할 수 없는 것입니다. 성부, 성자, 성령 하나님의 거룩한 임재 속에 우리가 들어가는 복을 이 세상 어디에서 경험할 수 있겠습니까? 우리가 부르는 찬송-' 구주를 생각만 해도 내 맘이 좋거든 주 얼굴 뵈올 때에야 얼마나 좋으랴' -처럼 주님을 생각만 해도 가슴이 설레는데, 주님을 직접 본다면 그 황홀한 기분은 이루 말할 수 없는 것이 될 수밖에 없는 것입니다. 단지 주님의 장막에 문지기로 거하는 것만 해도 악인의 궁정에 거하는 것 보다 더 나은 것인데, 여호와의 집에 영원히 거한다면 그 즐거움을 무엇으로 다 표현할 수 있겠습니까? 바로 그 소망이 우리로 하여금 이 땅에서 환난과 고난을 당하고 때론 눈물을 흘리고 힘겨운 싸움이 겪을지라도, 기꺼이 십자가를 지고 가게 하는 동력이 되는 것입니다.

예수님께서 한 번은 제자들에게 자신의 죽음에 대해서 언급하자 제자들은 경악을 했습니다. "세상에 어찌 이런 일이 있을 수 있나, 우리와 함께하는 예수님이 떠나간다면 우리는 도대체 뭐가 될 것인가?" 그때 예수님이 요한복음 14장에서 '하나님을 믿으니 또한 나를 믿으라. 마음에 두려워하지 말고, 하나님을 믿으니 또한 나를 믿으라' 고 말씀하시고, 이어서 '내 아버지의 집에 거할 곳이 많도다. 그렇지 아니하면 너희에게 일렀으리라. 내가 너희를 위하여 처소를 예비하러 가노니, 가서 너희를 위하여 처소를 예비하면 내가 다시 와서 너희를 내게로 영접하여 나 있는 곳에 너희도 있게 하려 함이니라' 고 하셨습니다. 주님이 계신 곳에 주님의 자녀들을 영접하여 영원히 함께 있게 하는 놀라운 영광을 제자들에게 약속해 주셨습니다.

이것은 예수님을 온전히 좇은 제자들에게만 해당이 되는 이야기일까요? 예수님을 믿는 사람들, 우리처럼 적당하게 신앙 생활하는 이런 사람들에게는 해당이 안 되는 것일까요? 우리에게는 여전히 악한 행동을 하는 것이 남아있습니다. 그러나 그런 사람들에게도 소망이 있습니다. 예수님이 십자가에 달리실 때 양 쪽에 두 강도가 달려있었습니다. 그 중 한 사람은 비난하고, 한 사람은 '예수여 당신의 나라가 임할 때 나를 생각해 주옵소서' 라는 말 한 마디를 했습니다. 그는 강도로 살인죄를 범한 자였고 사형을 당하고 있는 순간까지도 하나님을 기쁘시게 한 적이 없는 사람이었습니다. 그런데 그 사람이 '예수님, 당신의 나라가 임할 때 나를 생각해 주옵소서' 라고 이야기하자 예수님께서 '내가 진실로 네게 이르노니, 오늘 네가 나와 함께 낙원에 있으리라' 고 하셨습니다. 여기에서 볼 수 있듯이 병들고 쓰러지고 넘어지고 때로 실수도 많이 하고 나쁘게 행동했을지라도 소망은 있다는 것입니다. 예수님이 강도에게 오늘 네가 나와 함께 낙원에 있으리라고 하신 것은 주님과 함께 영원히 거한다는 것을 말합니다. 주님과 함께 하는 이 놀라운 복을 한번 상상을 해보십시오.

사도바울은 이 부분에 대해서 빌립보서 1장 23절에서 더 놀랍게 표현했습니다. 내가 그 두 사이에 끼었다. 즉 아버지와 함께 가는 길, 죽음의 길과 사는 길, 두 사이에 끼어 있는데, 이렇게 이야기했습니다. "떠나서 그리스도와 함께 있을 욕망을 가지는 이것이 더 좋으나, 더 좋으나." 영어에 far better, 훨씬 좋다 그런 표현입니다. 내가 이 땅에서 육신을 떠나서 그리스도와 함께 하는 그 욕망을 가진 것이 훨씬 좋다. 여러분 그보다 좋은 게 뭐가 있을까요? 세상에서 아무리 영화로운 영광스러운 일들을 경험한다고 할지라도 주님과 함께하는 영광보다 더 좋은 것은 없습니다. 이게 성도가 가지는 영광스러운 신분의 모습입니다. 그리스도와 함께 하고자 하는 욕망이야 말로 비교할 수 없을 정도로 훨씬 좋은 것입니다.

정결한 신부가 매일같이 단장하고 또 단장하고 아름다운 향료로 자신을 가꾸고 또 가꾸고, 그 가꾼 것에 최종 결정체는 왕의 간택을 받아서 왕과 함께 영원히 함께 하는 것입니다. 그것이 성도에게 놓여 있는 소망입니다. 그 소망으로 인해서 구원받는다고 이야기하는 것입니다. 주님의 품안에서 나오는 사랑의 고결한 열정을 맛보며 한없는 행복에 젖는 영광스러운 날이 우리 앞에 펼쳐집니다. 사랑하는 사람을 품에 안고도 그 품에서 풍겨나오는 향기에 도취되어 좋다고 이야기 하는데, 우리를 사랑하는 신랑 되신 그리스도를 품에 안고 그리스도의 품 안에서 그리스도에게서부터 나오는 영원한 생명의 향기를 계속 맡게 되는 영광스러운 소망이 우리 앞에 놓여 있다는 것입니다.

부모를 잃어버린 아이가 부모를 찾아서 마침내 만난다고 할 때, 그 부모님에게 달려가서 푹 안기는 그 소망이 자신의 지금 외롭고 힘든 처지를 극복하고 그날을 기다리게 되는 것처럼, 지금 그리스도인들도 신랑 되신 주님의 품 안에 푹 안기게 된다는 소망을 가져야 합니다. 그 소망이 현재의 고난을 능히 극복하게 하고 장차 영광을 누리는 복된 자리에 이르게 될 줄로 믿습니다. 그런데 우리 주님은 단순히 주님과 함께 하는 그 자체만으로 만족하도록 하시지도 않습니다. 나는 주님만으로 만족하는, 내가 눈을 깨보니, 주의 형상으로 만족하겠습니다. 내가 깰 때 주의 형상으로 만족하겠습니다. 하나님께서 우리를 위해서 예비해 놓으신 것입니다. 그런데 그것뿐만이 아니라 베드로가 변화산상에서 예수님의 모습만 본 것이 아닙니다. 나아가 모세와 엘리야도 보게 해 주셨어요. 출애굽기를 읽을 때 모세와 엘리야를 대단하다고 생각할 것입니다. 선지자들이 행했던 일들, 사도 베드로를 비롯해서 바울과 같은 믿음의 선진들이 걸어갔던 길들을 우리도 그들처럼 살 수 없을까하는 생각을 합니다. 신앙의 동기부여를 가져다 줬던 수많은 믿음의 선진들도 만나보게 되는 것입니다.

그런데 베드로가 어떻게 모세와 엘리야를 알아볼 수 있었을까요? 영광의 상태에서만 가능한 것입니다. 우리가 마지막 날에 변화하여 영화로운 자리에 들어가면 의심이나 생각해볼 겨를도 없이 우리가 그리던 믿음의 사람들이 눈앞에 펼쳐져 있는 그 반가움은 말할 수 없이 기쁠 것입니다. 물론 주님 만나는 것과는 비교가 안 될 것입니다. 하지만 우리가 탄복하며 그렇게 그리워 한번 만나보고 싶었던 그런 사람들을 만나게 해 주십니다. 베드로가 만난 모세와 엘리야를 여러분도 만나게 될 줄로 믿습니다. 앞서간 믿음의 선배들도 만나게 될 것이에요. 주기철 목사님, 손양원 목사님, 박윤선 박사님, 박형룡 박사님, 어거스틴, 루터, 칼빈, 조나단 에드워즈, 존 오웬, 벤자민 워필드 목사님도 만나게 될 것입니다. 그게 우리 성도들이 마지막 날 누리는 영광스러운 모습인 것입니다.

우리가 앞서간 믿음의 선배들을 만나게 되면 어떤 고백을 해야 할까요? 고린도후서 3장 18절에 '우리가 다 수건을 벗은 얼굴로 거울을 보는 것같이 주의 영광을 보매 저와 같은 형상으로 화하여 영광으로 영광에 이르니 곧 주의 영으로 말미암음이니라' 고 말씀하십니다. 로마서 8장 29절에서는 하나님께서 우리를 그 아들의 형상을 본받게 하기 위하여 미리 정해 놓으셨다고 하셨습니다.

텔레비전에서 잃어버린 자식을 찾아 만나게 되는 부모를 보면서 그들이 서로 닮았다고 말합니다. 우리는 주님의 자녀이므로 주님을 닮았다는 말을 들어야 합니다. 고린도후서 3장 18절에도 우리가 주와 같은 형상으로 된다고 말합니다. 그런데 이 일은 주의 영으로 말미암아 이루어집니다. 사도 바울은 갈라디아 교회에 편지하면서 갈라디아서 4장 19절에서 '너희 속에 그리스도의 형상이 새겨지기까지 내가 해산의 수고를 아끼지 않는다' 고 이야기한 것입니다. 에딘버러(Edinburgh)에 가면 홀리루드 궁전(Palace of Holyrood)이 있습니다. 존 녹스 목사님이 메리 여왕과 단판을 지으며 종교개혁을 이루었던 장소가 있는데, 이곳에 가기 위해서는 이보다 큰 홀을 지나야 합니다. 그 홀에는 400여개 가까이 되는 초상화들이 붙어 있습니다. 사람은 모두 다른 사람이지만 모든 초상화에 똑같은 것이 있습니다. 그것은 바로 코입니다. 마지막 날 주님 앞에 섰을 때, 확실히 두드러지는 특징을 잡아내지 못한다 할지라도, 받는 인상은 주님을 닮아있어야 합니다. 그것은 아들의 영이, 성령께서 우리로 하여금 우리 속에서 계속 역사하되 주님을 닮은 자들로 만들어가기 때문입니다. 그래서 예복을 입지 않은 자들은 쫓겨나게 된다고 이야기했는데, 그 예복은 다른 것이 아니라, 그리스도의 의의 옷을 입은 것을 말합니다. 주님 닮은 사람들로 가득찬 새 하늘과 새 땅에서 우리의 구세주 예수님을 영원히 찬송하며 경배하게 되는 놀라운 복이 주어질 줄로 믿습니다.

물론 지금 말씀은 모세와 옛 언약과 주 예수 그리스도 안에서 주어진 새 언약을 대조하면서 설명한 말씀이긴 하지만, 신자의 영화로운 상태가 어떻게 될지를 명확하게 제시하는 본문이기도 한 것입니다. 이 말씀을 오해해서는 안 됩니다. 이 말씀은 보이지 아니하는 하나님의 형상이신 예수 그리스도 안에서 성도가 보는 것은 성도 자신이 신으로, 하나님처럼, 예수님처럼 뒤바뀐다는 말이 아닙니다. 그것은 예수 안에 있는 하나님의 형상으로 변화되는 것을 말합니다. 그리스도와 함께 누리는 영광을 영화로운 한 단계에서 보다 높은 단계로 올라가 누리게 됨을 뜻하는 것입니다. 이 일은 오로지 우리의 힘과 의지로 되는 것이 아니라 우리 속에 부어주신 하나님의 아들의 영, 성령으로 말미암아 가능한 것입니다.

웨스트민스터 신앙고백서 32장을 보면 '죽음 이후에 인간의 상태와 죽은 자의 부활에 관하여' 라는 제목을 기록하고 있는데, 2항과 3항에서, '마지막 날에 살아 남아있는 자들은 죽지 않고 변화될 것이다. 그리고 모든 죽은 자들은 전과 같은 몸으로 다시 살아날 것이다. 그러나 그 부활한 몸은 질적인 면에서는 전과 같지 않으며 그 몸은 그 영혼과 영원히 결합될 것이다. 불의한 자들의 몸은 그리스도의 능력으로 말미암아 살아나서 굴욕을 당케 될 것이나, 의인의 몸은 그의 영으로 말미암아 영광에 이르게 될 것이다. 그리고 그리스도 자신의 영화로운 몸을 닮게 될 것이다' 라고 말합니다.

이 모든 일의 가능성은 오직 그리스도의 영인 성령으로 말미암아 이루어집니다. 그러나 중요한 것은 우리의 신령한 몸의 성질이 어떠하며 젊고 싱싱한 모습인지, 장년의 모습인지, 노년의 모습인지가 아니라, 우리가 날마다 주님과 함께 있다고 하는 사실입니다. 주님의 보좌 앞에서 천군천사들과 함께 주님을 찬양하며 경배하며 섬기는 영화로운 상태에 머물게 되어 있는 것입니다. 만약 이 땅에서 매일 아침부터 저녁까지 종일 찬송만 부른다면 힘들고 지겹게 느껴질 것입니다. 그런데 천국에 가서 어린 양 되신 주님을 찬송하는 일은, 성경의 어디를 봐도 지겹게 느껴질 이유가 없습니다. 현재의 우리가 지겹게 느끼는 것은 죄성을 지니고 있기 때문에 그렇습니다. 하나님의 말씀을 듣는 것이 꿀송이처럼 좋고 달고 오묘하다고 생각을 하지만, 설교 역시 밤 12시까지 계속 이어진다면 예배당에 계속 앉아있을 사람은 아마 하나도 없을 것입니다. 그런데 천국에 가서는 끊임없이 쏟아져 나오는 생명의 말씀을 듣고 또 들어도 지겹다고 생각하는 사람이 아무도 없고, '그 어린 양 보좌에 찬송과 존귀와 영광과 위엄과 감사와 높임이 영원토록 그에게 있을찌어다 아멘 아멘 할렐루야' 하면서 노래하는 일이 끊임없이 이루어질 것입니다. 땅에서 내가 생각하는 것과 같은 것을 천국에 가서도 생각한다라는 것은 버려야 할 생각입니다. 천국에서는 이 땅과는 전혀 다른 색다른 모습인 것입니다.

그 곳에서 삶이 어떠할지 요한계시록에 기록된 말씀에 근거하여 보면 적어도 3가지 중요한 상태에 있는 것을 볼 수 있습니다. 이 부분에 대해서는 '개혁교회는 무엇을 믿는가' 라는 책 352쪽 이후를 참고하시면 됩니다. 하지만 여기에서 간단하게 세 가지 이야기를 말씀드리고 글을 맺으려고 합니다. 우리가 들어가게 되는 이 영광스러운 상태의 첫째는 '새 하늘과 새 땅에 들어간다' 는 사실입니다. 이 지구가 새롭게 변화된다는 게 아닙니다. 베드로후서 3장에 있는 말씀을 보면, 우리의 눈에 보이는 이 지구는 불에 타 없어지고 풀어 녹아져 없어져 버려 완전히 망하게 됩니다. 그런데 주님이 우리를 위해서 예비해 놓은 새 하늘과 새 땅이 있다는 것입니다. 이것은 구주 예수 그리스도께서 예비하신 아버지의 집에 들어가는 것입니다. 시편 기자가 '주의 장막이 어찌 그리 사랑스러운지요' 라며 노래한 그 집, 주님의 거룩한 보좌가 있고 그곳에서부터 생명수가 흘러 넘치게 되고, 온 땅이 미치는 곳마다 새롭게 솟아나게 되는, 천군 천사들이 둘러서서 경배와 찬양을 올리고 우리 죄를 대속하신 어린양과 더불어서 사는 영원한 곳이, 우리에게 주어지는 것입니다. 거기에는 더 이상 죄가 없기 때문에 찬양이 넘쳐나게 됩니다.

우리는 죄 가운데 출생해서 살고 죽기 때문에, 죄가 없는 상태가 무엇인지 상상할 수 없을 것입니다. 그러나 새 하늘과 새 땅은 죄가 조금도 들어가 있지 않는 곳입니다. 우리가 원시림만 가도, '참 아름다워라 주님의 세계는' 이라는 노래가 저절로 나옵니다. 또 산에 올라가서도 그 노래가 저절로 나와요. 주 하나님 지으신 모든 세계가 얼마나 아름다운지 노래합니다. 그런데 죄가 없는 그 나라는 상상을 초월하는 것입니다. 원수마귀가 결코 비집고 들어갈 수 없는 영원한 나라에서, 성도들이 영원한 평강과 기쁨을 누리며, 감사 찬송으로 충만한 상태에 있다는 것입니다.

두 번째는 참된 안식이 주어집니다. 세상에서는 수고와 슬픔 뿐인 인생들이었지만, 그리스도 예수 안에서는 영원한 안식이 주어집니다. 사람들이 노는 것도 놀아본 사람이 잘 논다고들 말합니다. 이 땅에서 하나님이 영원한 안식을 예표 하는 안식일을 주셨습니다. 주일을 제대로 지켜보지 못한 사람은 영원한 안식을 누리지 못합니다. 그러니까 주일을 잘 지켜야 합니다. 주일을 거룩하게, 안식일을 거룩하게 잘 지켜야만 장차 누리게 될 영원한 안식의 상태에서 잘 누릴 수 있을 것입니다. 성도가 죽는 것이 복이 있다고 이야기하는 이유는 요한계시록 14장 13절에 이야기하고 있는 것처럼, 저희 수고를 그치고 쉬게 되기 때문입니다. 그런데 주일날도 보면 시장에 가서 장도 보고, 일터에 가서 일하고 여기저기에 다니는 사람은 안식일에 안식을 제대로 누리지 못하기 때문에, 천국에 가서 안식을 제대로 누릴까 염려스럽습니다.

총신대 신대원 문병호 교수께서 안식일은 주님이 내 안에서 마음껏 사시도록 나를 쉬게 하는 날이라고 했습니다. 그런데 우리는 안식을 그렇게 누리지 못합니다. 장차 천국에서 누릴 성도의 안식은 일주일의 하루가 아니라 매일 매일이 안식일입니다. 더 이상 수고와 고통과 십자가를 짊의 눈물이 없는 안식입니다. 따라서 이 땅에서 안식일을 제대로 누리지 못하면, 저 너머에서 누리는 참된 안식을 누릴 수 없을 것입니다. 신랑 되신 주님 앞에 서기 위해서 단장하는 신부가 그 설레는 마음을 제대로 간직하지 못하면 문이 딱 닫혀서 들어가지도 못할 것입니다. 그렇기 때문에 정말 안식일을 잘 지켜야 될 이유가 거기에 있다고 할 수 있습니다. 영원한 안식을 제대로 누리려면, 이 땅에서 일주일에 한번 오는 안식 제대로 지켜야 된다고 믿습니다.

마지막으로 우리는 상을 받게 됩니다. 우리에게 받을 상이 있다는 것입니다. 물론 이 상은 영생, 생명의 충만함입니다. 어느 것 하나 부족함이 없는 완전한 생명입니다. 온전하신 하나님과 더불어 온전한 생명의 은총을 누립니다. 뿐만 아니라 각자 자기의 수고한 대로 상을 받게 되어는 것입니다. 땅 위에서 주님을 위하여서 수고한 것에 대한 보상인 것입니다. 많은 사람들을 옳은 데로 돌아오게 하는 자는 하늘의 별과 같이 영원히 비춰지는 복을 누리게 되는 것입니다. 많이 심은 자는 많이 거두게 될 줄로 믿습니다. 대부분의 사람들이 천국에서 받을 상에 대해서 오해를 하는 경우가 많이 있는데, 천국에서는 반드시 상급이 있습니다. 아니, 사도 바울 선생님이 받는 상급하고, 주님 나라가 임하실 때 나를 생각해 달라고 말한 강도의 상급은 똑같을 수 없습니다.

물론 사도 바울은 아침부터 와서 저녁 늦게까지 일했는데 한 달란트밖에 안 준다고 이야기하지 않을 것입니다. 그는 받은 상급으로 만족해할 것입니다. 한편 주님 나라가 임할 때 생각해 달라고 했던 강도 역시도 불만이 없을 것입니다. 그런데 주님이 말씀하신, 각자 수고한대로 자기 상을 받는다고 한 말씀이, 땀을 흘려서 수고한 사람과 적당히 시간을 때우면서 대가를 받은 사람들의 수고와 똑같이 취급하는 것을 공의롭지 않다고 생각하는 것입니다. 주님께서는 '죽도록 충성하라 그리하면 내가 네게 생명의 면류관을 주리라' 고 말씀하십니다. 의의 면류관도 있고 생명의 면류관도 있습니다. 그렇기 때문에 많이 심은 자는 많이 거두고 적게 심은 자는 적게 거둘 것입니다.

보험을 예를 들어 봅시다. 만기가 되어 보험금을 많이 받으려면 불입을 많이 해야 합니다. 이것처럼 하나님께서 우리에게 말씀하시는 것도, 많이 심은 자가 많이 거둔다고 말씀하고 계십니다. 우리는 부지런히 심어야 합니다. 하나님이 얼마를 주실지는 모르지만 분명한 것은 30배, 60배, 100배의 열매를 거두리라고 약속하셨습니다. 주를 위해서 이 땅에서 부모, 형제, 처자식, 땅, 밭, 모두 버린 자는 금세에서 100배의 복을 받고 내세에 영생을 얻지 못할 자가 없느니라고 말씀하셨습니다. 성도의 영화는 신자들의 장래에 대한 엄청난 소망이 주어지기 때문에 이 세상에서 어떻게 살아야할지를 규정하는 것입니다. 장차 누릴 그 영광에 대한 기대감에 사로잡혀서 더욱더 믿음의 진보를 추구하게 되는 겁니다. 이 소망은 우리의 당하는 고난과 핍박의 현장에서 기쁨의 찬송을 부르는 동력이 됩니다. 주님의 진리를 위해서 기꺼이 내 몸을 던질 수 있는 바탕이 됩니다. 그렇게 해봤자 죽는 너만 손해라고 말한다면 그것은 사단의 소리입니다. 그런데 내가 죽고 또 죽고 일백 번 고쳐 죽어도 님을 향한 내 마음 누구도 꺾을 수 없다고 하는 사람은 하나님이 약속한 상을 받을 것입니다.

개혁주의 신앙은 이방원의 '하여가'가 아니라 정몽주의 '일편단심가'입니다. 주님을 향한 우리의 마음이 변하면 끝입니다. 이 세상에서는 망하고 다시 세워지는 일이 있을지 모릅니다. 하지만 주님 나라는 망하는 법이 없기 때문에 사도 베드로는 우리에게 '너희가 어떠한 사람이 되어야 마땅하뇨? 거룩한 행실과 경건함으로 하나님의 날이 임하기를 바라보고 간절히 사모하라. 우리가 이 땅에서 성도, 그리스도인이 누리는 이러한 놀라운 탁월한 면들이 우리 앞에 펼쳐져 있게 되어지니'라고 말합니다. 우리는 어떤 사람이 되어야 마땅합니까? 'Qué será será(케 세라 세라: 될 대로 되라)'? 안 됩니다! 단순히 먹고 마시고 입고 쓰는 일에 몰두하는 망할 사람처럼 살아서는 안 됩니다! 거룩한 행실과 경건함으로 하나님의 날이 임하기를 사모하는 소망을 굳건히 붙들고 승리하는 저와 여러분 되시기를 소망합니다. Soli Deo Gloria!